东周秦汉时期城市发展研究

陈　力　著

陕西出版集团
三 秦 出 版 社

图书在版编目(CIP)数据

东周秦汉时期城市发展研究/陈力著. —西安:三秦出版社,2010.3

ISBN 978-7-80736-766-6

Ⅰ.东… Ⅱ.陈… Ⅲ.①城市史—研究—中国—东周时代②城市史—研究—中国—秦汉时代 Ⅳ.K928.5

中国版本图书馆 CIP 数据核字(2010)第 047359 号

东周秦汉时期城市发展研究

陈 力 著

出版发行 陕西出版集团 三秦出版社

新华书店经销

社 址 西安市北大街 147 号

电 话 (029)87205106

邮政编码 710003

印 刷 西安永惠印务有限公司

开 本 850×1168 1/32

印 张 6.75

字 数 153 千字

版 次 2010 年 3 月第 1 版

2010 年 3 月第 1 次印刷

印 数 1-1000

标准书号 ISBN 978-7-80736-766-6

定 价 35.00 元

网 址 WWW. sqcbs. com

目　录

序 章

关于东周秦汉时期城市的研究，早在魏晋南北朝时期就已经开始了。而利用现代史学的方法研究这个时期的城市，则始于20世纪50年代。新中国成立后，考古工作者开始对东周秦汉时期的城市遗址进行科学的发掘，五十余年中积累了大量的成果，这些发掘成果以及传世史料是科学地研究该时期城市的基础。迄今为止，学者们还发表了大量关于东周秦汉时期城市的研究成果。同时在这个时期的城市研究中还仍然存在着一些问题点和空白领域。本章打算首先分析古代城市这个概念，然后简单地回顾一下与本稿有关的先行研究的历史。

第一节　东周秦汉时期城市的概念

在具体探讨东周秦汉时期的城市之前，首先应该确定“城市”一词的定义。在关于西方古代城市的研究中，有很多学者都会开宗明义地界定古代城市的概念，比如M·韦伯在其已经成为古典的名著《城市类型学》的第一章中对古代城市的定义进行了分析和论述。日本学者那波利贞、① 池田雄一、②

① 那波利贞.《中国都邑的城郭及其起源》,《史林》第2卷第10号。

② 池田雄一:《关于汉代的河南县城》，唐代史研究会编《中国古代聚落史的研究》，1990年。

大室干雄①等人也都在他们的研究中对古代城市的定义进行了自己的诠释。在中国学者中，傅筑夫首先对古代城市进行了简单的界定，张鸿雁也探讨过中国古代城市的内涵，近年张继海在《汉代城市社会》一书中对秦汉时期的城市内涵进行过分析。② 赵冈也对中国古代城市的定义进行过归纳。各家意见中，以张光直对中国古代城市所作出的定义对中国学者影响最大。张光直在以《关于中国古代城市这个概念》③ 为题的论文中，对中国初期可以称为城市的聚落进行了分析，指出这些聚落都具备了以下的要素：

（1）版筑城墙、战车、兵器。

（2）宫殿、宗庙及陵寝。

（3）祭器（包括青铜器）及祭祀遗迹。

（4）手工作坊。

（5）聚落构造的方向及规划上的规则性。

张光直的这个定义，与傅筑夫等学者在 80 年代初所作的古代城市的定义相比较，严密周到了很多。但是张光直的这个定义也有一定的缺憾。对照 M · 韦伯在《城市类型学》中的定义可知，张光直的定义中完全没有言及人口问题。另外，张光直的定义是从现代人的角度对古代城市所作的定义，没有涉及古人是如何认识当时的城市这一问题。同时，对于张光直归

---

① 大室干雄：《剧场都市 · 古代中国的世界像》，三省堂，1981 年。

② 张鸿雁：《论中国早期城市和城市概念——与张光直先生商榷》，《华东师范大学学报》1988 年第 4 期。张继海：《汉代城市社会》，社会科学文献出版社，2006 年。

③ 张光直：《关于中国古代城市这个概念》，《考古》1985 年第2 期。

纳的古代城市的一些要素，和其他学者的认识相比也有不少不同之处。比如 M · 韦伯就极力反对把城墙作为定义城市的最主要要素。

那么，东周秦汉时期的古人们，认为当时的城市应该具备什么要素呢？当时的人们是如何对城市下定义的呢？翻开史籍我们可以发现，当时的人们一般把城市称为“都”、“邑”、或者“都邑”，首都则被称为“京”、“京师”。而“都市”这种称呼在当时完全是另外一种意思，比如《十钟山房印举》中收录有一枚“都市”半通印，一些人认为这是汉语“都市”一词的最早例证，这种认识无疑是错误的。该印中的“都”字，应该和“都乡”、“都亭”中的“都”字意义相同，和现代汉语中的“都市”一词没有直接的关系。

东周秦汉时期的史料中有不少关于城市定义的记载，从这些记载可以发现，当时的人们认为城市应该具有以下的特征：

（1）城市必须具有相对集中的人口。

《释名》卷2《释州国》曰：

都者，国君所居，人所聚会也。

邑，人聚会之谓也。

《穀梁传 · 僖公十六年》中说：

民所聚谓都。

《小尔雅》在很长一段时间被视作伪书，最近的研究发现其中大部分资料是可信的。《小尔雅》的《广言》篇中说：

都，盛也。

《白虎通》卷4《京师》曰：

京师者，何谓也？千里之邑号也。京，大也。师，众也。天子所居，故大众言之。

可见当时的人们认为城市是聚集了大量人口的地方。从史料上看，战国秦汉时期的城市人口的规模已经相当宏大。比如《战国策》卷8《齐策一》记载道：

临淄之中七万户，臣窃度之，下户三男子，三七二十一万，不待发于远县，而临淄之卒，故已二十一万矣。

不仅齐国如此，在战国时期的其他国家，也有不少人口超过一万户的城市。比如《商君书·兵守》记载：

四战之国不能以万户之邑舍巨万之军者，国危。

这则记载中的“四战之国”大约是隐指三晋诸国。另外，《战国策》卷17《赵策一》秦王谓公子它章记载道：

请以三万户之都封太守，千户封县令。

这里记载的三万户之都，应该是赵国的某个城市。《战国策》卷21《赵策四》虞卿请赵王章记载说：

虞卿请赵王曰：“人之情，宁朝人乎？宁朝于人也？”赵王曰：“人亦宁朝人耳，何故宁朝于人？”虞卿曰：“夫魏为从主，而违者范座也。今王能以百里之地，若万户之都，请杀范座于魏。范座死，则从事可移于赵。”赵王曰“善。”

这里的万户之都，大概是赵国的某一个大城市。《战国策》卷

14《楚策一》张仪为秦王破连横章记载说：

今秦之与楚也，接境壤界，固形亲之国也。大王诚能听臣，臣请秦太子入质于楚，楚太子入质于秦，请以秦女为大王箕帚之妾，效万家之都，以为汤沐之邑，长为昆弟之国，终身无相攻击。

这里所说的“万家之都”应该是指某一个秦国城市。《战国策》中有很多是游说之辞，有人认为不太可信，但是应该看到一些可信度更高的史料中也有类似的记载，比如《银雀山汉简》中也有这样的记录：

大县两万家。食口七人，上家之数也。食口六人，中家之数也。食口五人，下【家之数也】。①

这则记载是出土史料，而且和传世史料《周礼·小司徒》中的记载一致，应该是比较可信的。另外，《墨子·杂守》中说：

率万家而城方三里。

在东周秦汉时期的史料中，可以看到不少关于“三里之城”的记载，考古发掘中发现的边长达到三里的城市遗迹的数量也有不少，可以认为东周秦汉时期的人们，普遍认为城市的最主要要素是拥有众多的人口

那么，东周秦汉时期的古人，是如何认识城市和乡村人口规模的界限的呢？

---

① 银雀山汉墓竹简整理小组：《临沂银雀山汉墓出土〈孙膑兵法〉释文》，《文物》1975年第1期。

《商君书·境内》记载：

就为五大夫，税邑三百家。

《左传·成公十七年》有记载说：

施氏之宰有百室之邑。

这些记载中表现的城邑，大概就是当时人们心目中最小的城市吧。《史记》卷6《秦本纪》说：

西周君自走来归，……尽献其邑三十六城，口三万。

这则记载记录的是秦灭西周的情况，根据这里记录的数字，西周境内一个“邑”的平均人口在833人前后，以一户5口计算，一个邑的平均户数在160户前后。综合种种史料，似乎可以推测当时的人们大概把拥有百户左右人口的聚落当作城市看待。当然，史料中还有一些比如“十室之邑”之类的记载，比如《国语·齐语》曰：

制鄙，二十家为邑，邑有司。

这里讲的是“鄙”这种乡村地带的聚落的状况，比较特殊。同时，在这里也不得不承认，古代和现在一样，城市和聚落的人口分界线是比较暧昧的。

一些学者反对单纯地将人口要素作为区分城市和乡村的主要指标，如著名的城市规划理论家刘易斯·芒福德就说过：“我们注意到，标志着村庄向城市过渡的第一件事，就是建成区和人口的扩大。然而这种发展变化还远非决定性的因素，因为新时期文化晚期一些地处几大地区自然交会地点的比较发达的村庄，都可能有较多的人口和耕地，但其他方面却并无重要变化。所以，城市形成中起决定作用的要素并不仅看有限地域内集中了多少人口，更要看有多少人口在统一的控制下组成了一个高度分化的社区，去追求超乎饮食、生存的更高的目的。”①

（2）城市中存在一定规模的手工业作坊和市场。

这其实是一个关于聚落中社会分工发达程度的问题。上面曾经引用了芒福德对城市概念的思考，芒福德反对将人口作为区分城市和农村的重要指标，他更重视社会分工在城市形成中的作用。城市从某种意义上说是社会分工发展的结果。城市的发展更进一步促进了商品生产和商品交换的发展。中国古代城市发展到东周时期，已经具备了相当发达的商品生产和商品交换的功能。在当时大型城市和中型城市中，基本上都有具有一定规模的固定的市场和手工作坊。这一点已经被 50 多年来城市考古发掘所获得的资料所证实。关于这些考古资料，笔者将在后面的章节述及。文献资料中也有大量关于城市工商业的记载。比如《管子·乘马》记载道：

> 方六里命之曰暴，五暴命之曰部，五部命之曰聚。聚者有市，无市则民乏。

《盐铁论》卷 1 曰：

> 自京师东西南北，历山川，经郡国，诸殷富大都，无非街衢五通，商贾之所臻，万物之所殖者。

---

① 刘易斯·芒福德著，宋俊岭等译：《城市发展史——起源、演变和前景》，中国建筑工业出版社，2005 年 66 页。

这两条记载都指出了当时城市中商业的重要和繁盛。一些大的城市中甚至还存在好几个市场，比如在临淄所发现的陶文中有“大市”、“中市”①。另外在临淄发现的汉代封泥中有“左市”、“右市”、“西市”、“南市”等资料（裘锡圭：《战国文字中的市》，《古文字论集》，中华书局，1992 年）。这都说明东周秦汉时期临淄的商业十分发达，在临淄城中曾经有过多处市场。

（3）城市中一般都设有相应的行政机关。

中国古代的城市和西方的城市有很大的不同，在秦以后的历史上可以说没有独立于封建政权的城市。一般来说，中国古代城市并不是一种独立的经济中心，而是统治者实施统治的权力中枢。② 战国时期虽然有像陶这样的商业城市，但是这样的城市仍然是统治者实施统治的一个环节。封建行政系统在东周秦汉城市中盘根错节，一直渗入到基层。比如《周礼·地官司徒》中记载道：

里宰掌比其邑之众寡与六畜、兵器，治其政名。

还说：

临长掌相纠相受，凡邑中之政相赞，徙于他邑则从而授之。

上引《国语·齐语》中所说的“二十家为邑，邑有司”，虽然是一则特殊的史料，但是也反映了行政机构已经分布到基层。

---

① 王献唐：《临淄封泥文字述》，山东省立图书馆，1925 年。

② 参见傅筑夫：《中国经济史论丛》，三联书店，1980 年。

（4）城市及其周围设有巨大的防御设施。

城市的防御设施中最主要的就是城墙和环濠。上引《史记·秦本纪》中“尽献其邑三十六城，口三万”的记载，表明了西周地区的城市都有城墙。另外，《战国策》卷17《赵策一》秦王谓公子它章记载道：

今，有城市之邑七十。

虽然大多数城市都有城墙，但是从这一则记载看，也有一些没有城墙的“邑”。关于这些没有城墙的“邑”的性质，《汉书》卷99下《王莽传下》曰：

收合离乡小国无城郭者，徙其老弱置大城中。

通过这个记载我们可以知道，这种没有城郭的“小国”，是一种依附于大城的聚落。

（5）城市规划手法有一定的规律性。

在我国古代，自城市发生后逐渐积累了一定的城市建设的经验，到了西周时期开始出现了某种城市规划制度，这种城市规划制度就是城市规划规律性的一种表现。在《左传》中多次提到有关城市的“先王之制”。最著名的就是《左传·隐公元年》记载的“先王之制，大都不过三国之一。中，五之一。小，九之一”。在战国时期，在城市规划制度方面出现了新的革命，《管子·乘马》中说：“凡立国都，非于大山之下，必于广川之上。高毋近旱而水用足，下毋近水而沟防省”，代表了一种新的规划规律性的形成。战国城市遗址中普遍发现的中轴线，也是当时城市规划规律性的一种表现。这种构造上的规律性是当时城市与乡村区别的重要要素之一。

(6) 祭祀设施。

东周秦汉时期的城市中都有祭祀设施。包括祭祖的宗庙、社等等，另外还有一些祭拜原始宗教神祇的设施。《左传》中说只有城中有先君的宗庙才可称为“都”，《史记》记载秦雍城中有很多祭祀星神的设施。但是东周秦汉时期城市中的宗教色彩应该远逊于政治色彩。

第二节　先行研究及本课题面临的问题点

20 世纪 50 年代以来，东西方学者关于东周秦汉时期城市的研究成果不胜枚举。由于笔者能力所限，无法详细全面地介绍，所以这里只是对和本研究有关的主要成果做一下简单的回顾，并从本研究的着眼点出发，提出一些自己关注的问题。

关于东周秦汉时期的城市的研究，粗略地可以分成两种，首先是具体复原某一个城市的个体研究，其次是针对当时城市的特性展开的综合性研究。在这一节主要介绍后者，前者则在本书第一章的相关部分做简单的介绍。

一、东周秦汉时期城市在中国古代城市发展史上的历史地位

确定东周秦汉时期城市在中国古代城市发展史上占有何种地位，是从宏观的角度研究中国古代城市时必须触及的一个重要问题。一些关于中国古代城市史的重量级研究中，都可以看到对这个问题的论述。比如俞伟超在《中国古代都城规划的发展阶段性》一文中指出：东周与秦汉时期的都城有一定的类似性，在中国古代都城发展史上应该属于同一个阶段。这个

阶段是中国古代城市发展的第二个阶段，属于这个阶段的城市在构造上具有封闭式的特征，这种封闭式构造的源流，在于当时的封建专制主义体制①。另外，一些中国古代城市通史性质的研究中，也可以看到学者们对这一问题的关心。叶骁军在《中国都城发展史》中指出：中国古代的都城发展的历史可以分为雏形期、发展期等几个时期，东周时期是中国古代城市发展的雏形期，而秦与两汉处于中国古代城市史中的发展期②。

比较西周时期和东周时期的城市我们可以发现，其构造和规模都有着质的不同。据统计，迄今发现的殷周时期的城市，其边长一般不超过 2000 米。而且城墙也不是西周时期城市的必须要素。同时我们还可以发现，西周时期以前的城市在构造上还缺乏一定的规律性③。这是西周以前的城市与东周秦汉时期的城市在形态特点上的差异。从城市居民以及城市经济的角度看，西周和东周的城市也有很大的不同，根据这些差异和不同，我们可以认为这两个时期的城市，在中国古代城市发展的历史进程中应该处于不同的阶段。笔者同意俞伟超的意见，因此在本书中将东周和秦汉时期当作一个城市性质大体相同的阶段来考虑，并以此为前提选定作为研究对象的城市。

---

① 俞伟超：《中国古代都城规划的发展阶段性》，《考古》1985 年第 2 期；后收录于《先秦两汉考古学论文集》，文物出版社，1985 年。

② 叶骁军：《中国都城发展史》，陕西人民出版社，1988 年。

③ 参见上引俞伟超《中国古代都城规划的发展阶段性》以及江村治树《春秋战国秦汉时代的城市构造和居民属性》，平成元年科学研究费补助金一般研究（C）报告书。

二、东周秦汉时期城市构造的制度性

东周秦汉时期的城市有一个十分明显的构造性特征，那就是城墙。宫崎市定曾经在《中国城郭起源异说》中，对这个时期城墙构造的来龙去脉进行了分析。① 他认为：到了原始社会末期，建设于丘陵之上的原始聚落的周围开始出现类似城墙的设施，这种形态的聚落构造被宫崎称为“山城式”的构造。后来聚落发展为城市，其构造也变得复杂起来，出现了“城主郭从”式的新样式。到了西周和春秋时期，诞生了“内城外郭”式的城市构造，这种“内城外郭”式的城市构造渐渐从“城主郭从”样式发展为“城从郭主”样式，最后更发展成“城郭一致”的样式。宫崎的研究发表于1959年，当时城市考古资料十分有限，从现在我们掌握得考古资料来看，宫崎的研究中有很多瑕疵之处，但是这篇论文作为研究中国古代城市构造演变规律的最早期的论文，是值得重视的。

现在有一种观点认为:《考工记》所载的“营国制度”——即以其中“匠人营国，方九里，旁三门，国中九经九纬，经涂九轨，左祖右社，面朝后市，市朝一夫”为主要内容的一种制度——是东周秦汉时期城市构造的原点（这种观点以下简称为“考工记说”）。其实这种观点的历史，甚至可以上溯到清代，日本一些学者在20世纪50年代以前也提出

---

① 宫崎市定:《中国城郭起源异说》,《中国古代史论》，平凡社，1988年。

过汉长安城是依据《考工记》建设的意见。[①] 到了20世纪50年代，以汉长安城的发掘为契机，王仲殊提出了汉长安城也许是遵循《考工记》中的规划理念设计的这种观点，并被大部分学者所接受。后来这种观点被推而广之，成为东周秦汉时期城市规划史研究中的一种主流思想。近年，曲英杰发表了《先秦都城复原研究》等著作[②]，在这些著作中，作者利用"营国制度"对东周时期数十个城邑的构造进行了分析。

当然，这种观点并不是所有学者都同意的。杨宽在《中国都城的起源和发展》一书中提出了完全不同的意见[③]，杨宽认为到了春秋时期，在中原地区形成了一种以"坐西朝东"为主要特征的城市规划传统，并最后形成了一种城市规划制度。日本学者古贺登在《汉长安城与阡陌·县乡亭里制度》中提出秦汉时期的城市制度是当时国家县乡亭里制度的一部分，[④] 汉长安城的构造形式，是遵循这种乡亭制度的结果。对于杨宽和古贺登的意见，学界中存在着不少不同的看法，从某种角度看，这两种学说都是对"考工记说"的一种批判。

笔者对于"考工记说"和"坐西朝东"说都持怀疑态度。中国如此之大，而且东周时期又是一个分裂的时期，当时的中

---

① 伊藤清造:《长安都城考》，转引自宇都宫清吉《汉代社会经济史研究》第四章，宏文堂，1955年。

② 曲英杰:《先秦都城复原研究》，黑龙江人民出版社，1991年。

③ 杨宽:《中国都城的起源和发展》，学生社，1987年。

④ 古贺登:《汉长安城与阡陌·县乡亭里制度》，雄山阁，1980年。

国真的存在一种统一的城市规划制度吗？另一方面，在百花齐放的东周时期，我国的城市规划的传统就是如此贫瘠，只仅仅是继承了西周的城市规划传统，而毫无创新吗？这个问题不仅是一个城市史研究问题，也是一个关于中国文化构造的大问题，更是一个涉及城市史学存在意义的问题。如果东周秦汉时期的城市规划，只有"营国制度"这么一个内容，则所有该时期的城市都可以按照这种模式去复原，那么还需要东周秦汉时期的城市构造史研究吗？

出于对"考工记说"的有机地否定，20 世纪 80 年代末期出现了一些关于东周时期城市的地域性差异的研究，特别是贺业钜在《中国古代城市规划史论丛》中对秦文化圈的城市和周文化圈的城市进行了构造方面的比较，通过比较和文献考证，贺业钜提出了在东周秦汉时期的城市规划传统中，存在一种被称为"秦法"的规划传统。笔者也在 1992 年对秦文化圈和周文化圈中的城市进行了构造方面的比较，指出秦文化圈内的城市中，存在一种"非宫城·郭城制"的城市规划传统。①日本学者五井直弘在《亚洲中的日本》中对秦咸阳和成都进行了分析，指出秦国的都城存在着"一城制"的城市构造形式，这种构造形式与东方诸国有很大的不同。② 日本学者谷口满在《楚国的都城》一文中总结了楚国城市特有的构造特征，指出在楚国的都城中，宫殿区一般被安排的大城的东南部，采

① 拙著《论秦汉都城规划基本模式的形成》，《陈直先生纪念文集》，西北大学出版社，1992 年。

② 五井直弘：《亚洲中的日本》，东京大学出版会，1992 年；《成都与咸阳》，《中国的古代都市》，汲古书院，1995 年。

用三门道式的城门，城内有发达的水上交通网等特征。① 江村治树则从经济、军事以及城市构造的角度总结了三晋地区城市不同于其他地区城市的特殊性，间接地对“考工记说”提出了疑问。最近，李自智和梁云对这个问题进行了细致研究，通过这些努力，东周时期各地城市有着不同的规划传统的观点，已经被很多学者所接受，逐渐成为一个有力的学说。

三、东周秦汉时期的城市经济

关于东周秦汉时期的城市经济问题的研究也有很多。在这个研究课题中，关于东周时期的城市是农业城市还是工商业城市这一问题的讨论尤其引人注目。李剑农早在20世纪50年代就出版了关于东周秦汉时期经济史的专著，其中与城市经济有关的内容非常多，为我们勾勒出了该时期城市经济的基本状况。② 傅筑夫在前引《中国封建社会经济史》中用很大的篇幅对东周时期经济发展与城市的关系、官营手工业与私营手工业的发展状况等进行了分析，他的结论是：东周时期的城市居民还不能完全从农业生产中脱离出来，他们还不能靠单纯的商品交换维持生活。宫崎市定也曾经论及东周时期城市的性质，他在《战国时代的都市》一文中指出：到了战国时期，城市工商业得到了很大的发展，但是大部分的城市，特别是中小城市依然还是农业城市。③ 另一方面，也有不少研究强调了春秋战

---

① 谷口满：《楚国的都城》，《长江文明Ⅱ 诸流域的文明》，中日文化研究第10号，勉诚社，1996年。

② 李剑农：《先秦两汉经济史稿》，三联书店，1957年。

③ 宫崎市定：《战国时代的都市》，收录于前引《中国古代史论丛》。

国时期城市工商业的发展，展现出对这个时期的城市完全不同的理解。①

近十多年来关于东周地方史的研究有了长足的发展，学者们出版了不少关于这个时期地方史的著作，比如《齐国史》、《鲁国史》等②，这些著作中都用了很大篇幅述及城市和城市经济问题，这种从地方史角度的研究是值得重视的。另外，许倬云在《周代都市的发展和商业的发达》中，从人口增加的角度探讨了东周时期城市经济的状况，其研究手法十分有趣。③

关于两汉时期的城市经济的研究也有不少。前引宇都宫清吉在《汉代社会经济史研究》第三章中，探讨了城市对于汉代社会经济的意义、各经济圈的依存关系、城市人口与城市经济的关系、城市工商业等问题。影山刚的《中国古代的工商业与专卖制》中，也有很多地方涉及了东周秦汉时期的城市经济问题。④ 何兹全也从人口的角度论述了汉代城市经济的发展。⑤ 余华青在其研究中对秦汉时期的城市作了全方位的分析，其中关于城市经济的内容也十分丰富，尤其是强调了秦汉

---

① 张鸿雁：《论春秋战国城市经济的属性——春秋战国时代城市人口构成、变移及生活消费所展现的城市经济特点》，《华东师大学报》1988 年第 1 期。

② 王阁森等：《齐国史》，山东人民出版社，1992 年；郭克灿等《鲁国史》，人民出版社，1994 年。

③ 许倬云：《周代都市的发展和商业的发达》，《中国古代经济史论文选集》，台湾经联出版，1980 年。

④ 影山刚：《中国古代的工商业与专卖制》，东京大学出版会，1984 年。

⑤ 何兹全：《中国古代社会形态演变过程中三个关键时代》，《历史研究》2000 年第 2 期。

时期城市经济有着十分活跃的特点。①

四、东周秦汉时期城市内部的社会构造

东周秦汉时期城市的社会构造问题是本时期城市史研究中的一个相对薄弱的部分。古贺登在其研究中多次触及这个问题。他在《从战国秦汉时代的土地、住宅、村落都市制度看古代中国人的思维方式》、《尽地利之教——战国李悝的经济政策》、《阡陌制度下的家族、什伍、闾里——关于以父老为标志的秩序及其解体策的一个考察》、《秦商鞅的军制、军功褒制与身份制》等一系列的文章中对此问题论述颇多②。其大致的论点是：在商鞅变法以前，由血缘集团构成的五大门十五个标准家庭构成城市中的一里，商鞅在实行“开阡陌”的政策时，作为其变法标准的“家”是一家五口左右的核心家庭，三代共五个核心家庭共同居住在一个大门里，宅地的面积有五亩，这就构成了邻保制度上的一个伍。商鞅又把原来的四个旧里集中起来，让一百个标准家庭居住在由街巷分割的新里中，新里中的居民隔着里中最大的道路南北相对，分别居住在两个大门内的区域中，他们之间的关系基本上是地缘性关系。古贺登的研究范围非常广泛，涉及到当时的家族构造、邻保制度、身份制度等问题，而且研究手法也十分独特，是值得注意的重

① 林剑鸣、余华青、周天游、黄留珠：《秦汉社会文明》，西北大学出版社，1985 年。

② 这些文章都被收入前引古贺登《汉长安城与阡陌·县乡亭里制度》中的相关章节。

要成果。另外，五井直弘在《中国古代阶级斗争史试探》中也探讨了东周秦汉时期城市内部社会构造的变化过程，很有参考价值。① 松木民雄在《〈左传〉所见社会分工形态》中，根据《国语》齐语中管子所说先王之制，指出春秋时期的城市中普遍实行“分业不杂居”的制度，也就是说当时的手工业者按照行业聚居，各不相杂。另外，松崎常子的《云梦秦简所见秦的家庭与国家》、增渊龙夫的《邑的构造及其统治》、宇都木章的《宗族制与邑制》均对当时城市中的社会构造进行了探讨。②《秦简》研究掀起高潮以来，出现了不少研究秦国家庭构造的研究成果，这些成果都是研究城市内的家庭构造的基础。

五、东周秦汉时期城市研究中的问题点

城市史的研究范围非常广大，不同的学者会从不同的着眼点对古代的城市展开研究，对于不同的学者来说，他们对城市史研究问题点的理解也是不同的。这里罗列的是笔者鉴于东周秦汉城市史研究的现状，觉得有必要进行更加深入细致分析的问题点。

---

① 五井直弘：《中国古代阶级斗争史试探》，原出《前近代社会的阶级斗争》，青木书房；后收录于《中国古代的城郭都市与地方统治》，名著刊行会，2002 年。

② 松木民雄：《<左传>所见社会分工的形态》，《历史（东北大学文学部）》52。松崎常子：《云梦秦简所见秦的家庭与国家》，《中国古代史研究》五，雄山阁，1982 年。增渊龙夫：《邑的构造及其统治》，《中国古代王朝的形成》，创文社，1975 年。宇都木章：《宗族制与邑制》，《古代史讲座 6》，学生社，1962 年。

1. 东周时期城市构造以及城市社会的地域性特征

东周时期的中国文化，和汉代以后有很大的不同，当时存在的数个大的文化圈都有着比较明显的自我特征。各地在政治上处于分裂状态，从经济上看，当时各国之间的经济联系也绝没有汉代以后那样紧密。在这种状况下，单纯从逻辑上看，应该可以得到这种结论：当时的城市构造以及经济形态方面有较大的不同。早在西汉时期，司马迁就注意到当时各地地方文化和经济的差异，并在《史记·货殖列传》中进行了详细的记录以及总结。在现代，探讨东周时期各地区文化差异的文章的数量更是十分庞大，研究地区间的文化差异，是近年来东周史研究的一个热点。但是在城市研究方面，在 21 世纪之前，探讨东周时期各个文化圈中的城市的构造以及经济、文化差异的成果不多。相反，用一种模式解释各地城市，以一种模式作为当时各地城市规划的标准来复原当时城市的研究却有很多。比如杨宽在《中国都城的起源和发展》一书中，对于战国时期的城市，几乎都是用“坐西朝东”这种既定的模式进行分析的；而曲英杰在《先秦城市复原研究》一书中，对先秦时期的数十个城市进行了分析复原时，几乎全部依据《考工记》展开研究。这两种学说从表面上看，其结论完全不同，但是从方法论的角度来看，两者是完全相同的。即在东周时期的中国各地，有一种都城制度普遍存在；这种都城制度超越了当时的政治形势和文化状态，被各国所恪守。

东周时期是一个所谓“礼崩乐坏”的时代，“先王之制”被不断抛弃，这是学者们都承认的史实。上述两种理论都没有能解释，为何在礼崩乐坏的这样一个时期，只有先王的城市制

度被如此恪守。

在上一节中，我们也列举了一些注意城市规划模式的地域性差异的研究成果，除了江村治树对三晋城市作了十分详尽的研究，比较完整地勾勒出三晋城市的地域性特征以外，其他地区的研究还需要进一步丰富和深入。

2. 社会思想的演变与城市的发展

西方学者研究城市史的时候，经常会将城市与当时的宗教信仰以及社会思潮联系起来进行研究。比如开拓了科学的城市史研究方法的法国学者 Fustel de Coulanges 在《古代城市》(La Cité antique) 中使用了大量的篇幅详细地探讨了城市与宗教、思想的关系。① 关于我国古代城市和社会思想的相互作用的研究却成果数量很少。

中国古代城市的精神起源，可以说就是宗庙。从上述《左传》等史料中关于城市的定义中我们可以看到宗庙对城市来说是多么重要的设施。这种祖先崇拜的思想后来成为儒家学说的基本理念之一，对中国社会产生了巨大的影响。《考工记》记录的城市规划模式，就是以这种思想为基础而产生的。

同时，由于社会思想是不断变化的，而且在各个不同的文化圈也会流行不同的社会思想。在中国古代统治者在主流的社会思潮的影响下，会对自己的政策、行为甚至服饰进行调整。注重社会思想对城市的影响，注意社会思想的变化引起的城市物理构造和社会构造上变动是十分有必要的。

---

① Fustel de Coulanges 著，北野彻译：《古代城市》第一编第一章、第三编第二章，白水社，1950 年。

3．城市理论

贺业钜指出：在西周初期和春秋时期，中原地区曾经发生过两次城市建设的高潮。到了战国秦汉时期时，已经积累了相当多的城市建设经验。同时，在这个时期城市中已经产生了比较稳定的知识分子阶层，他们把大量的关于城市建设的感性认识上升和总结为理性认识。汉代一些形法家关于城市的专著虽然都散佚了，但是有不少的关于城市规划的理论论述散见于古代的各种文献之中，很有必要对这些论述进行收集、分析、研究。但是十分遗憾，关于这方面的研究还相当匮乏。

综上所述，从 20 世纪 50 年代以来，考古工作者发现了许多东周秦汉时期的城市遗址，并展开了绵密的复原工作。出土文字资料的大量发现也让学者们得到了很多从遗迹现象上无法获得的资料，对于传世文献的研究积累也给我们提供了更可信的史料基础。在这种好的条件下，关于东周秦汉时期的城市史研究有了巨大的发展，取得了丰硕的成果。同时，在战国秦汉时期的城市史研究中还存在着许多薄弱甚至空白的部分。本稿将从城市构造及城市经济的地域性差异、城市构造的变迁与社会思想的关系为中心展开研究，并对该时期城市居民、都城周围的社会以及城市规划理论等问题提出自己的意见。

第一章　东周时期城市遗迹及其复原

20世纪50年代以来，考古工作者发现了为数众多的东周城市遗迹。但是由于各种发掘报告、发掘简报、调查报告分散发表在众多的刊物上，我们很难对这半个世纪的成果作全面的总结。很多学者痛感全面掌握东周时期城市遗迹发掘资料的重要性，很早就开始了艰难的资料收集工作，比如江村治树早在上世纪80年代就开始收集相关资料，并在上世纪90年代将其结果整理发表。① 曲英杰收集了先秦时期主要都城的资料，并进行了复原研究。② 许宏的《先秦城市考古学研究》一书收集了大量已发表的我国先秦城市遗址的考古学资料，③ 全面地反映了2000年以前先秦城市考古发掘的成果，尤其值得参考。为了便于展开关于东周秦汉时期城市的地域性差异的研究，本章主要罗列一些可以表现当时城市地域差异的考古发掘资料，并进行简单的复原分析。

---

① 江村治树：《战国时期的城市及其统治》，《东洋史研究》第48卷第2号，1989年9月。

② 曲英杰：《先秦都城复原研究》，黑龙江人民出版社，1991年。

③ 许宏：《先秦城市考古学研究》，燕山出版社，2000年。

1．**齐临淄故城**①

临淄故城位于今山东省淄博市。古城分大城和小城两个部分。大城约略呈长方形，东垣长5209米，南垣长2821米，西垣长2812米，北垣长3316米。小城在大城的西南隅，小城东垣长2159米，南垣长1402米，西垣长2274米，北垣长1404米（图一，1）。

发掘者认为齐临淄的宫殿区应该在小城中，小城中发现了桓公台等大型夯土建筑遗迹。居住遗迹主要在大城的东北部，手工业遗址也散布在大城的东北部，手工业遗址包括冶铁、冶铜、铸钱和制骨等四种遗迹。在大城东北部以外的区域文化层很薄，很少发现遗迹。在城中发现了九条大的道路遗迹，沿着这些道路遗迹还发现了当时的排水系统。有不少学者对齐临淄故城进行了复原，如台湾学者马先醒的《临淄城郭形制及其府寺区之更徙》、刘敦愿的《春秋时期齐国故城的复原与城市布局》、侯仁之的《淄博市主要市镇的起源和发展》、曲英杰《齐都临淄城》、许宏《先秦城市考古学研究》等②。大多数学者都赞同发

① 群力：《临淄齐国故城勘探纪要》，《文物》1972年第5期。该城的卫星遥感资料可参考李传荣编《中国临淄文物考古遥感影像图集》，山东地图出版社，2000年。

② 马先醒：《临淄城郭形制及其府寺区之更徙》，《中国古代城市论集》，台湾简牍学会，1980年。刘敦愿《春秋时期齐国故城的复原与城市布局》，《历史地理》第1辑，1981年。侯仁之：《淄博市主要市镇的起源和发展》，《历史地理学的理论与实践》，上海人民出版社，1979年。曲英杰：《齐都临淄城》，齐鲁书社，1997年。许宏：《先秦城市考古学研究》，燕山出版社，2000年。

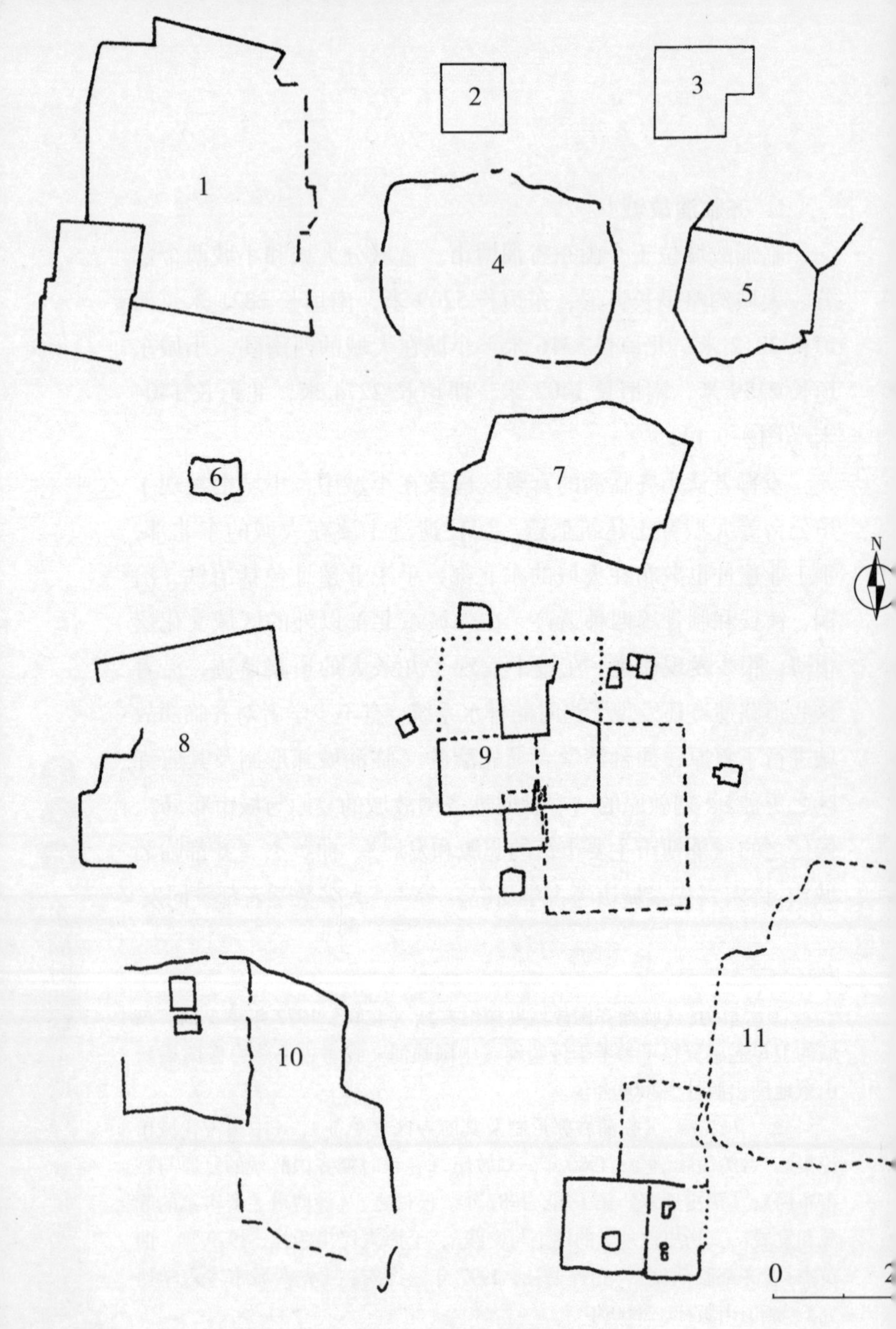

图一　东周时期的城市（1）

1. 临淄故城、2. 城阳城、3. 安平、4. 曲阜故城、5. 纪王城、6. 滕城故城、7. 薛城故城、8. 王城、9. 侯马故城、10. 郑韩故城、11. 邯郸故城

掘者的观点，认为位于大城西南部的小城应该是宫城。曲英杰、许宏反对这种意见，认为大城西南的小城是田齐时期的宫城，而非姜齐时期的宫城；姜齐时期的宫城应该在大城的中部阚家寨一带。许宏的论据是在阚家寨附近的南北向道路绕行阚家寨，由此推断这里应该有重要遗迹。曲英杰的主要论据是《考工记》中的记载和《左传·襄公十八年》中“己亥，焚雍门及西郭、南郭。刘难、士弱率诸侯之师伐焚申池之木。壬寅，焚东郭、南郭、北郭”的记载，曲英杰认为这则记载中的“东南西北”是以宫城为中心的地理概念，并据此推测宫城在大城的中部。那么《左传》上述记载中的“东南西北”到底是什么样的概念呢？笔者认为，根据齐陶文的资料，可以否定曲英杰的这种推测。临淄陶文中有这样的例子：

左南郭鄙新陶里①。

右郭邻。

东郭鄙②。

东周时期的文献中，“郭”和“国”两字经常互相通假，这些陶文中的“郭”应该就是“国”的通假字。③ 临淄陶文中的“郭”应该是指当时的一种行政单位，这种意见几乎已

① 孙敬明：《齐陶文分期刍议》，《古文字研究》19，中华书局。

② 孙敬明：《临淄齐故城内外新发现的陶文》，《文物》1988 年第 2 期。

③ 谷口满：《春秋时代的都市——城·郭问题探讨》，《东洋史研究》46 卷 4 号。

经成了通说，有很多学者曾经对此进行过论述，这里就不赘述了。① 据《史记》、《管子》等相关记载，管子在齐国进行改革之时，实行了“三分其国”的政策，迄今为止发现的临淄陶文中止发现了“左郭”、“右郭”和“楚郭”，孙敬明认为陶文中的“左郭”、“右郭”分别相当于文献中的“东郭”和“西郭”，陶文中的“楚郭”就是文献中的“南郭”，笔者认为这种意见是正确的。因此，有关临淄的文献中的“东郭”等地名中的“东南西北”并非是简单的表现方位的词汇，而是行政单位的名称，齐国应该在很早就有了这种命名行政单位的习惯。因此，对曲英杰认为上述《左传》中的记载表示的是相对于宫城的方位的意见，我们还应该持慎重的态度。

另外，对照考古资料和文献史料，也可以否定曲英杰的观点。临淄故城附近发现的“银雀山汉简”中有《市法》简，曰：

> 市必居邑之中，令诸侯、外邑来者毋远。

从简文中有“诸侯”等字样来看，应该反映了战国时期的情况，可见齐地有将市场放在城市中部的传统。从考古发掘的情况也可以知道，临淄故城中部发现了制铁遗址，古代的市场中作坊和店铺经常是相近的，这从汉长安城东西市的考古发掘资料中也可以证实。考古发掘所获得的这个状况与上述“市必居邑之中”的情况是相符合的。因此可以推测，临淄大城中

---

① 高明：《从临淄陶文看乡里制陶业》，《古文字研究》19，中华书局。获阳地名来自陶文，为了印刷方便，本稿重新作了厘定。

部也许是市场或者手工作坊所在的地区。迄今为止几乎没有发现战国时期宫殿遗迹中并存市场及手工业遗迹的现象，所以在没有确切的证据之前，对姜齐时期的宫殿位于阚家寨的观点，还是持比较慎重的态度为好。

关于东周时期临淄的城市经济，据《史记》卷129《货殖列传》：

故太公望封于营丘，地潟卤，人民寡，于是太公劝其女功，极技巧，通鱼盐，则人物归之，繦至而辐凑，故齐冠带衣履天下，海岱之间敛袂而往朝焉。其后齐中衰，管子修之，设轻重九府，则桓公以霸，九合诸侯，一匡天下。

从考古发掘所得的资料可知，临淄故城内发现了冶铁、制骨、冶铜等手工业遗址，临淄陶文中也有很多关于“市”的记载。

关于东周秦汉时期城市居民问题，史料中的记载多数都比较暧昧，不太可靠。韩康信和松下孝雄利用临淄周围的墓葬资料，进行了体质人类学的分析，其结论是探讨东周秦汉时期城市居民的重要资料。①

笔者更加注意的是临淄周围还有几个卫星城市，这些城市增强了齐都临淄的人口收容功能和经济功能，而且为以后的东周秦汉时期的都城提供了一种城市规划的范本，并被以后的秦咸阳和汉长安的规划所吸收。

在以临淄为中心的20公里的范围内有三个比较小的城邑遗

① 韩康信、松下孝雄：《山东临淄周——汉代人骨体质特征研究及与西日本弥生时代人骨比较概报》，《考古》1997年第4期。

址，它们分别是安平、获阳和城阳。根据前引孙敬明《临淄齐故城内外新发现的陶文》中的《齐故城及近郊陶文出土地点分布图》可知，获阳距临淄故城大约 8 公里，城阳城距临淄故城大约 20 公里，安平城在临淄故城东垣外大约 2 公里的地方。这些小城在经济方面与临淄有着密切的关系。高明在《从临淄陶文看乡里制陶业》中根据大量陶文资料，指出城阳城是战国早期到中期期间，临淄故城附近最大的制陶基地之一。孙敬明也提出了同样的看法，同时，还指出，一些原来被认为位于临淄故城内的一些制陶业集中的里，实际上位于上述三个小城之中或者附近。从临淄故城发现很多出产于这些卫星城市制造的陶器的碎片这种状况来看，临淄和这几个卫星城市之间的经济关系应该是十分紧密的，在临淄故城中生活的二十多万人，在某种程度上依赖这几个卫星城市出产的产品，而居住在卫星城市的人们也通过和临淄故城中的居民进行商品交换来维持自己的生活。特别是陶器制造，需要大量的土方，燃料消耗量也大，这不是临淄城内能大量生产的，作为代偿，所以才会在这几个卫星城市中出现大量称作“陶里”、“大陶里”的专门制陶的里。

2．城阳城遗迹、安平城遗迹与获阳遗迹

城阳城遗迹位于临淄故城东约 20 公里的地方。据前引孙敬明《临淄齐故城内外新发现的陶文》图三，该遗迹大略呈方形，边长在 800 米左右。（图一，2）关于这个遗迹的发掘简报之类还没有发表，内部构造的详情不得而知。但是在临淄陶文中有很多关于这个卫星城市的记录，这个城市应该与临淄故城有密切的关系。

安平城位于临淄故城东约 2 公里处。平面大约呈曲尺形，边长在1000米左右（图一，3）。关于这个卫星城市的文献资料和陶文资料都很少，也看不到有关遗迹内部状况的简报和其他报告。临淄陶文中有“陈□立事岁安邑亳缶”，这则陶文中的“安邑”应该是“安平邑”之省。

获阳遗迹位于临淄故城西方约8公里的地方，遗迹呈方形，内部状况不明，临淄陶文中关于这个遗迹的资料最多，这里也应该是临淄故城周围最大的制陶中心之一。①

3. **东平陵故城**②

遗址位于山东省章丘市龙山镇闫家村北，呈正方形，边长2000米。发现城门、排水道口、道路、冶铁、宫殿区等遗址的线索。城墙的第一期和第二期属于战国时期，其他属于汉代。

4. **防城故城**③

防故城遗址位于山东省费县方城镇古城里村。故城呈不规则椭圆形，东西最长440、南北最宽370米，城垣周长1400米，城址面积约14万平方米。故城西南角的城垣外向南伸出一条夯土带。根据叠压关系可以把城墙分为四期，第一期为龙山时期，第二期为春秋时期，第三期为战国时期，第四期为秦汉四期。由于现代村落叠压，城内情况不明。

---

① 以上三城的资料，均采自前引孙敬明《临淄齐故城内外新发现的陶文》。

② 《东平故城遗迹》，《济南年鉴》（1992年），济南出版社，1992年1月。

③ 费县文物管理所：《山东费县古遗址调查纪要》，《考古》1986年第11期。防城考古工作队：《山东费县防故城遗址的试掘》，《考古》2005年第10期。

5. **盘古故城**

盘古故城位于山东省五莲县，故城东西约 213 米，南北约 236 米，面积约 5 万余平方米。城垣宽度在 9 到 12 米之间，城墙的夯层厚度在 15 到 20 厘米之间。从夯土层中发现的遗物可以推测这个遗址建筑于战国时期，废弃于秦统一前后。调查者没有提出对该城性质的意见。

按，该故城离被称为“北将口”的古代关隘很近，处于通向战国时期齐国东部经济中心即墨的交通线附近。故城中曾经发现过 18 个铜印，有一颗的印文是“右桁正木”。据石志廉考证，这些铜印是关隘使用的官印。从这些遗物和其所处的地理位置来看，盘古故城大概是一座关城。①

6. **曲阜故城**②

曲阜故城位于今山东省曲阜市。故城平面呈圆角长方形，东西宽约 5 公里，南北长约 3 公里，周长约 12 公里。（图一，4）从地层叠压关系可知该遗迹在西周时期已经存在了，在春秋战国时期多次修补改建，其使用的下限在汉代。

故城中部的周公庙附近发现了大型夯土建筑遗迹，在大型建筑遗迹的东、西、北面发现了夯土墙遗迹。《左传》成公九年、定公六年有“城中城”的记载，大概这些夯土墙就是所谓的“中城”的城墙，而周公庙附近的大型夯土建筑遗址就

---

① 孙敬明等：《山东五莲盘古城发现战国齐兵器和玺印》，《文物》1986 年第 3 期。石志廉：《战国古玺考释十种》，《中国历史博物馆馆刊》1980 年第 2 期。

② 山东文物考古研究所：《曲阜鲁国故城》，齐鲁书社，1982 年。

是当时宫城的所在地。

在位于遗址西部的药圃和遗址北部的盛果寺地区发现了制铜遗址，在古城的西部和东北部发现了制陶遗址，总地来看，大部分的手工业遗址都分布在故城的西北部和北部，在古河道遗迹和2号道路以南没有发现手工业遗迹。故城内发现了四处墓葬区，都分布于故城西部，大部分都是甲组墓和乙组墓。

居住遗迹有林前村遗址（6.4万平米）、地毯工厂北遗址（5.2万平米）、盛果寺遗址（36万平米）、盛果寺东遗址（36万平米）、故城东北隅遗址（2.2万平米）、坊上村遗址（6.2万平米）、北关村遗址（4.7万平米）、斗鸡台遗址（6.2万平米）、颜林遗址（8万平米）、古城村西遗址（12.5万平米），故城西北隅遗址（10万平米）。居住总面积达133.4万平米。

《孟子·梁惠王下》曰：

五亩之宅，树之以桑，五十者可以衣帛也。……百亩之田，勿夺其时，八口之家可以无饥矣。

类似的记载也见于《商君书·境内》：

能得甲首一者，赏爵一级，益田一顷，益宅五亩。

根据这些记载，战国时期的平均住宅面积大约在5亩左右，一家人口大约5到8人。战国时期的“东亩”大概相当于0.28市亩，[①] 这样，根据上述居住遗址的总面积换算，住在这些居

① 万国鼎：《秦汉度量衡亩考》，《农业遗产研究集刊》2，出版年代不详。

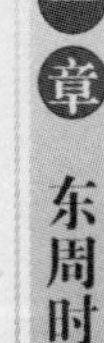

住遗迹中的人口大约有 6500 家前后，也就是说不包括居住在宫廷和工商业区的城市人口也许可以达到 5 万人前后。另外，东汉赵岐在注释《孟子·梁惠王上》中的这段文献时说：

庐井邑居，各各两亩半。

也就是说夏天农忙期城邑的居民住在城外的庐中，其外的季节居住在城内的住宅中，城内城外的住宅各占地两亩半。如果这个注释是正确的话，那么曲阜故城内至少有 12 万左右的一般城市居民。《墨子·杂守》中“率万家而城方三里”的记载也经常被人使用，曲阜故城按周尺计算大约方七里，如果按上述《墨子》中的记载做粗略推算，曲阜故城中的人口有可能达到 16 万人左右。

曲阜故城的发掘是比较全面的，学者间对曲阜故城的构造的认识没有太大的分歧。但是关于曲阜故城城市规划的方向性，却有着不同的意见。杨宽认为曲阜故城是一座“坐西朝东”的城市，而贺业钜、曲英杰等人认为曲阜故城南向。笔者同意南向说，其理由如下：

首先，从曲阜故城居住区的配置看，故城南向的可能性大。曲阜故城的居住区基本分布于立新中学以北，颜林以南，孔林以东和故城西北隅。在故城南部，也就是宫城所在的周公庙以南的地区，除农机厂附近有一个居住遗址以外，① 几乎没有什么遗迹。这个部分应该是和宫城有关的特殊地区，比如苑

---

① 贺业钜认为农机厂附近的遗址是官衙遗迹，可备一说。参见贺业钜《中国古代城市规划史论丛》，建筑工业出版社，1986 年。

囿。也就是说曲阜故城中最为重要的部分位于城市的南部。

其次，曲阜故城南部的建筑表现出城市规划南向的特点。在曲阜故城南垣外，有一座称为“舞雩台”的礼制建筑，有一条被发掘者称为第 9 号道路的道路遗址将其与曲阜故城连接起来，位于这条道路上的城门比别处的城门规模要大，城门内就是宫殿区。礼制建筑——城门——宫城构成了一条城市设计的轴线。另外，文献上也有以下的记载，如《左传·僖公二十一年》曰：

春，新作南门。

其杜注曰：

鲁城之南门也，本名稷门，僖公更高大之，今犹不与诸门同。

这些记载也表明了曲阜故城南面的重要性。

第三，曲阜故城中发现了不少墓葬，如望父台墓地、药圃墓地、县城西北角墓地等，甲组墓基本南向，乙组墓基本北向，没有东西向的墓葬，从中国古代“视死如生”的习俗来看，鲁故城的居民是注重南北方向的。这也是曲阜故城南向的一个侧证。张学海曾经对曲阜城内的墓葬进行研究，认为在贯通南垣北垣西门的大道是殷人与周人的居住分界线。

7. **纪王城**①

纪王城位于今山东省邹县西南，被认为是郲国的都城，有

① 中国科学院考古研究所山东工作队：《山东邹县滕县古城址调查》，《考古》1965 年第 12 期。任式楠等：《山东邹县滕县古城址调查》，《考古》1965 年第 12 期。

学者根据最新的发现，认为郳就是倪。① 其城垣沿山而筑，南垣长约2530米，北垣长约1500米，西垣残长约1800米，东垣长约2300米以上。宫殿区在城内的北部偏北垣的地方。宫殿区内有“皇台”等遗迹。（图一，5）上述北垣以外的东西两面还发现了南北走向的城墙。调查者没有断定这些建筑遗迹的年代。由于资料匮乏，还没有学者对纪王城进行全面的复原工作。在城西金水河两岸发现了很多陶器以及与制陶有关的工具，也许该故城的手工业区就在这个附近。

8. **滕城故城**②

滕城故城在今山东省滕县西南。城池略呈长方形，东壁长555米，西壁长590米，南壁长850米，北壁长800米。（图一，6）城内东北隅有一座叫做“文公台”的大型夯土高台。城内的遗物集中分布在文公台周围。滕城故城的时代上限大约在西周时期，下限在汉代。

9. **薛城故城**③

薛城故城位于今山东省滕县南部。《左传·定公元年》中有“滕侯、薛侯来朝”的记载。因此至少春秋时期薛国就已经存在了。调查结果表明薛城故城的东城长2480米，南城长3010米，

---

① 李光雨：《山东枣庄春秋时期小郳国墓地的发掘》，《中国历史文物》2003年第5期。

② 前引中国科学院考古研究所山东工作队《山东邹县滕县古城址调查》。

③ 山东省济宁市文物局：《薛国故城勘查和墓葬发掘报告》，《考古学报》1991年第4期。大阪弥生博物馆编《山东——仙人的故乡》，大阪弥生博物馆，1996年。

北城长3265米，西城长1860米。（图一，7）故城使用的下限大约在汉代。据新近的发掘资料，薛城故城的东南隅发现了宫城，并在宫城中发现了西周时期的宫殿遗迹。在宫城北墙外发现了两处墓地，一处属于春秋时期，另一处属于西周到春秋时期。战国到汉代的居住遗址位于郭城的中部偏北的地方。学者们大多认为薛城故城是初秋时期的薛，战国时期为孟尝君的封邑。当然也有反对者，陈平认为薛城故城就是上邳。①

薛城故城东曾经发现过一块“隋大业二年陈文岳墓志”，墓志中说：“葬于薛城东一里”，根据这则墓志可以肯定薛城故城与汉晋薛城处于同一位置，而汉晋薛城就是战国时期的薛城，因此，陈平的意见应该是不正确的。

薛城建设的历史，应该是这样的：首先在宫城北墙外发现了春秋和西周时期的墓地，这大约表明了春秋以前薛城的范围。也就是说，春秋时期薛城的范围应该在这些墓地以南。因此薛城故城西南的宫城，应该就是春秋期薛城的郭城，而被称为“西周宫城”的部分，就是春秋期以前的宫城。

在郭城城墙中发现了东周时期的陶片，同时在郭城内西周时期的遗物很少，郭城内的居住遗迹和手工业遗迹的上限都在战国时期，因此这个部分应该是战国时期城市扩张时扩建的部分。据《史记》卷75《孟尝君列传·索隐》说：

> 纪年以为梁惠王后元十三年四月，齐威王封田婴于薛。十月，齐城薛。

① 陈平：《楚东国地理研究》，武汉大学出版社，1992年。

田婴就是孟尝君的父亲。《战国策》卷10《齐策三》孟尝君在薛条曰：

孟尝君在薛，……荆固而攻之，清庙必危。故曰薛不量力，而荆亦甚固。

因此可以推测在田婴到孟尝君时期，薛加固或者扩展了城墙。

10. **东周王城与成周遗址**①

王城遗址位于今河南省洛阳市涧滨。调查时城垣北壁保存状态较好，长度约为2890米，城外有护城河。东垣残长约1000米。（图一，8）城墙大概建设于春秋中期以前，战国到秦汉时期多次加固修补。城内的遗址大部分在城内中南部，特别是今天的小屯、翟家屯附近遗迹最多。发掘者认为涧西地区是一个特别的区域，应该特别注意。李学勤根据《国语·周语下》中“灵王二十二年，穀洛斗，将毁王宫，王欲壅之。太子晋谏曰：不可。……王卒壅之”的记载，指出王宫应该在穀水和洛水汇合之处。② 梁云也有类似的意见。

曲英杰反对这种意见。他认为这个特殊的范围是吕不韦受封于洛阳所营建的宫室，而周的王宫应该在汉河南县城遗址一带。曲英杰的主要依据是《考工记》中的记载，并没有其他考古和文献资料的支持。在曲英杰认为应该是周王宫的地方发

---

① 郭宝钧：《洛阳古城勘察简报》，《考古通讯》1955年第1期。中国科学院考古所：《洛阳涧滨东周城址发掘报告》，《考古学报》1959年第2期。

② 李学勤：《东周与秦代文明》第二章，文物出版社，1991年。梁云：《成周与王城争辨》，《考古与文物》2002年第5期。

现了 M2547 和 M2549 等春秋晚期和战国早期的墓葬。[①] 综合地看，李学勤的意见应该是正确的。

被认为是东周时期的成周遗址在汉魏洛阳城之中，成周是一个长方形的城市，东周时期先在周代时期形成的城市范围的北部加筑了小城，后来在秦代又在南部进行了扩展，最终形成一个南北长方形的城市平面。

11. **侯马新田故城**

侯马古城位于今山西省侯马市，是晋国晚期的国都遗迹。早在 20 世纪 50 年代，考古工作者就开始对侯马遗址进行发掘。遗址分早期、晚期两个阶段，属于早期的有白店故城，属于晚期的有牛村、台神、平望、马庄、呈王等八个城址。发掘者认为这些城址共同构成了一个古城群。[②]（图一，9）在这个古城群中，白村古城南北长 1000 米，牛村古城南北长 1340 米，东西宽 1400 米，发掘者认为该城大约在公元前 6 世纪左右始建，在公元前 5 世纪中期被废弃。台神故城的规模约有 1000 平米。平望故城的南垣长 600 米，东垣长 1200 米。台神、平望故城至少在春秋中晚期就已经存在了，一直使用到春秋战国之际。呈王故城已经经过较仔细的发掘，其中包括南北两个部分，东西约 600 米，南北约 500 米。发掘者认为呈王故城是侯马古城的附属城。据《左传·成公六年》的记载，晋景公

---

① 赵振华：《河南洛阳新发现随葬钱币的东周墓》，《考古》1994 年第 6 期。

② 山西考古所侯马工作站：《山西侯马呈王古城》，《文物》1988 年第 3 期。

十五年（公元前585年），晋人将都城从故绛迁徙到新田，从那以后到三家分晋的公元前403年，这里作为晋国的国都，共存在了200年前后。白店古城大约是晋人迁都至此之前已经存在的新田城。新田故城的构造十分复杂，牛村、平望、台神各城的关系及性质还不太清楚。

有不少学者对新田故城发表了自己的复原意见。俞伟超先生认为：侯马新田诸城中，西面三城为国君居住的宫城，东面的三个或四个小城是卿大夫居所。春秋晚期晋国异姓卿大夫专权，他们在东面兴修小城，形成自己的势力范围，并左右公室的宗庙祭祀权。到了战国时期，分散的几个小土城，又集中为一个大郭城。① 在日本学者中，笔者比较重视参考江村治树的复原。② 虽然在资料不足的情况下，江村的复原中还有一些推测的部分，但是比对同属三晋地区都城的邯郸古城等资料看，江村的复原有很多可取之处。

12．**郑韩故城**③

郑韩故城位于河南省新郑县，南北约4500米，东西约5000米。由东西两个城郭构成。（图 一，10）其中西城应当为内城，东城应当为外城。内城中更有宫城，内城的规模为东西500米，南北320米。内城中部发现了大量建筑遗迹，其数

---

① 俞伟超：《中国古代都城规划的发展阶段性》，《先秦两汉考古学论文集》，文物出版社，1985年。

② 江村治树：《侯马盟书考》，《内田吟风颂寿记念东洋史论集》，同朋社，1978年。

③ 河南省博物馆新郑工作站、新郑县文化馆：《河南新郑郑韩故城的钻探和试掘》，《文物资料丛刊》3，文物出版社，1980年。

量超过1000处。城郭下部发现了春秋期的夯土城墙遗迹，其上叠压着战国期的夯土城墙，因此可以认为这个故城是在春秋、战国期间修筑的，其使用下限大约在汉代。

13．**邯郸故城**①

邯郸故城位于今河北邯郸附近，由赵王城和大北城构成，赵王城又是由东城、西城、北城三个城圈构成的。大北城南北长4800米，东西宽约3200米。（图一，11）一般认为赵王城是赵国的宫城遗迹，其中有龙台等大型建筑遗址，遗址沿中轴线配列。大北城是赵都的一般生活区、商业区、手工业区的所在地，城内发现了很多手工业遗迹。据《史记》卷43《赵世家》，赵国在敬侯元年（公元前386年）迁都至此，但是在此前邯郸就是天下闻名的大城市了。秦灭赵以后，赵王城被破坏掉了，大北城则一直沿用到汉代，但是规模缩小了很多。

发掘者和侯仁之认为，赵王城是邯郸故城的宫城，而大北城市收纳工商业和一般居民的郭城。② 而曲英杰认为，赵王城是赵武灵王建设的军事堡垒，在大北城的中部应该存在赵国的宫城。从军事地理的角度来看，曲英杰的看法似乎更有道理。但是由于缺乏直接的考古学证据，这种意见还属于一种推测。我们可以举出朝鲜半岛的一些山城作为支持这种意见的旁证：

---

① 北京大学等：《1957年邯郸发掘简报》，《考古》1959年第10期。河北省文物管理处等：《赵都邯郸故城调查报告》，《考古学集刊》4，社会科学出版社，1981年。邯郸文物保管所：《河北邯郸市区古遗址调查简报》，《考古》1980年第2期。

② 侯仁之：《历史地理学的理论与实践》，上海人民出版社，1979年。

朝鲜半岛的山城多半是战时使用的军事堡垒，而在山城附近另有统治者平时居住的城市。本时期三晋地区的城市构造都很复杂，大概与三晋“四战之敌”的军事地理状况有关，关于这个问题，笔者将在下面的章节有所叙述。

14. **晋阳古城**①

晋阳古城位于今山西省太原市，其附近有好几个古城遗址。其中罗城村附近的古城遗址和古城营附近的古城遗址应该不是东周秦汉时期的遗址。城角村附近的古城大约是东周时期建设的。其南垣残长600米，西垣长约2700米，发掘者认为晋阳古城大约就是智伯瑶使用水战包围的晋阳。（图二，1）晋阳初见于文献的时间是鲁定公十三年，《战国策》卷18《赵策一》赵襄子召张孟谈而告之条记录了此城的营建经过：

> 夫知伯之为人，阳亲而阴疏，三使韩、魏，而寡人弗与焉，其移兵寡人必矣，今吾安居而可（何）。张孟谈曰：夫董阏安于简主之才臣也，世治晋阳，而君泽循之，其余政教犹存，君其定居晋阳。君曰：诺。……至，行城郭，案府库，视仓廪。

据调查，该城的夯土技术大体和侯马遗址相同，现存的城墙建造的时间也许与侯马故城相近。到秦代以后这里成为了太原郡的治所，为晋阳县。

同上《战国策·赵策一》：

> 臣闻董子之治晋阳也，公宫之垣，皆以荻蒿苫楚廧之。（中略）公宫之室，皆以练铜为柱质。

---

① 张颔等：《晋阳故城勘察记》，《文物》1962年第4、5期。

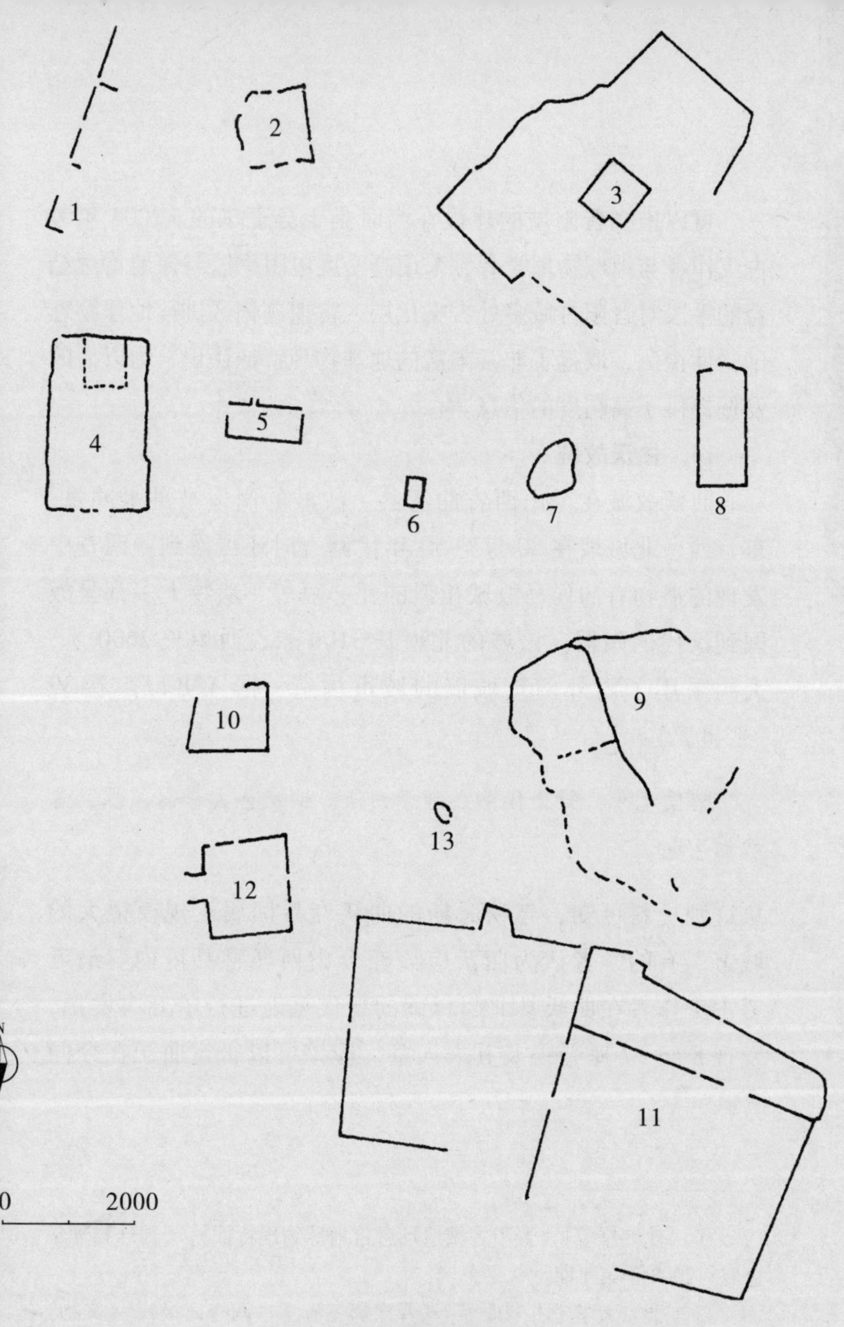

图二　东周时期的城市（2）

1. 晋阳故城、2. 古魏城故城、3. 安邑故城、4. 古晋城故城、5. 洪洞故城、6. 临邑故城、7. 归城故城、8. 阳城故城、9. 灵寿故城、10. 窦店故城、11. 燕下都故城、12. 宜阳故城、13. 华阴故城

可以推测晋阳城的建设在当时是十分奢华的。2008 年考古工作者与地球物理学者，采用高密度电阻率法与探地雷达结合的手段对晋阳古城多处古文化层、古遗迹靶区进行地球物理试验性探测，取得了非常丰富的地球物理特征认识，为以后的发掘提供了高精度的信息。①

15. **曲沃故城**②

曲沃故城在今山西省曲沃县。故城的南垣被洪水冲毁，东、西、北城墙在 20 世纪 50 年代调查时还可看到。调查中发现的遗物有与侯马故城相似的瓦、豆等，遗物大多都是战国到汉代的陶器。该城的北垣长 3100 米，西垣长 2600 米，大约采用了内外两重城墙的城市构造。据《史记》卷 39《晋世家》：

昭侯元年，封文侯弟成师于曲沃。曲沃邑大于翼。翼，晋君都邑也。

从这则史料可知，春秋时期的曲沃在晋国属于规模很大的城市。有的学者认为曲沃应该在今山西闻喜县境内。最近考古工作者在曲沃县北赵村南的晋侯墓地进行了五次发掘，发现 8 组 17 座晋侯及其夫人墓，应该可以否定曲沃在今闻喜县。

---

① 沈鸿雁等：《晋阳古城遗址考古地球物理特征》，《地球物理学进展》2008 年第 4 期。

② 北京大学考古专业等：《晋豫鄂三省考古调查简报》，《文物》1982 年第 7 期。

16. **北平皋遗迹**①

遗迹位于河南省温县东南。古城周长4000米，大约建设于春秋时期，使用的下限大约在汉代。遗迹中发现了“邢公”等字样的陶文。调查者据文献考证该城为春秋时期晋国巫臣所建邢邑。邢邑古城平面略呈方形，东西宽840~1200米，南北长1230~1400米。四面城墙上各有一个城门，城门宽5米左右。居住区多分布在城内中部和东部，西部是手工作坊区，东南角是宫殿区，在此清理了三组大型房基。

17. **苇沟——北寿城遗迹**②

该故城位于山西省翼县城西北1公里，包括东寿城、后苇沟、老君沟、营里四村之间的一大片遗址，宽约2000米，长约1000米。从文化层中发现了有“降（绛）亭”字样的陶片，这是判断该遗址性质的重要资料。遗址的文化层分为四期，第一期属于西周早期，第二期属于西周中晚期，第三期属于春秋中期，第四期属于春秋晚期到战国早期。

18. **古魏城**③

古魏城遗迹位于山西省芮城县。故城平面略呈方形（图二，2），周长约4500米，东、南、北三面的城墙呈直线状，西垣呈弧形。南垣长1150米，东垣长1286米，西垣长1000米。文化层中有大量战国时期的陶片。上文化层是西汉

① 前引北京大学考古专业等：《晋豫鄂三省考古调查简报》。李占扬：《邢邑古城考古获重大收获》，《河南文物工作》2003年第1期。

② 前引北京大学考古专业等：《晋豫鄂三省考古调查简报》。

③ 陶正刚等：《古魏城和禹王城调查简报》，《文物》1964年第4、5期合卷。

时期的堆积，下文化层以下发现了春秋末战国初的墓葬，表明了这个古城建设的时代上限。①

19. **安邑故城**

安邑故城也被称为“禹王城”。故城在山西省夏县以北。据发掘，故城由大城、中城、小城三个城圈构成。（图二，3）中城是汉代的遗迹，大城和小城是东周时期的遗迹。大城周长约15500米，北垣长2100米，西垣长4980米，南垣长3565米。据发掘简报。大城基本上是战国时期建造的，小城与大城的建设时期约略相同。也就是说故城建设的时代上限是战国时期，下限应该是汉代。

据《汉书》卷28《地理志》:

安邑，巫咸山在南，盐池在西南。魏绛自魏徙此，至惠王徙大梁。

另外，《史记》卷44《魏世家》说:

悼公之十一年（前562年），曰：“自吾用魏绛，八年之中，九合诸侯，戎、翟和，子之力也。”赐之乐，三让，然后受之。徙治安邑。

史料记载与考古发现的结果大致相同。

20. **古晋城遗址**②

该遗址位于山西省襄汾市，遗址平面呈长方形，南部略

① 山西省文物管理委员会等:《山西芮城永乐宫新址墓葬清理简报》,《考古》1960年第8期。

② 山西省文物管理委员会侯马工作站:《山西襄汾赵康附近古城址调查》,《考古》1963年第10期。

宽。（图二，4）遗址周长 8480 米，东垣长 2600 米，北垣长 1530 米，西垣长 2700 米。大城北部有一个小城，其东垣长 770 米，南垣长 700 米，小城西垣的保存状态不好，小城的北垣就是大城的北垣。该遗址的文化层分为东周层和汉代层两层。城墙中发现了东周时期的陶器破片，其形制与侯马遗址发现的陶器一致。故城的时代上限大约在春秋时期，下限在汉代。发掘者认为这里是晋国的聚。

21. 洪洞故城①

洪洞故城位于山西省洪洞县东南 9 公里处。故城平面呈长方形（图二，5），东西 1300 米，南北 580 米。调查者认为这个古城的时代比侯马故城稍晚，大概建筑于战国时期，古城也许和战国时期的“羊舌氏食邑”有关。古城附近也发现了汉代遗物，因此古城使用的时代下限应该在汉代左右。

22. 柏畅城遗迹与鹿城冈城址②

该遗址位于河北省临城县西。平面呈长方形，南北略长，东西宽 420 米，南北长 600 米。故城建设于战国时代，城内发现多处兵器制造遗址和兵器类遗物。该遗址在赵国与中山国的交界处，应该有比较浓厚的军事色彩。

鹿城冈城址位于河北邢台市南大郭乡元庄村北，平面略呈菱形，其南垣长约 805 米，西垣长约 617 米，北垣长约 591

---

① 张德光:《山西洪洞古城的调查》,《考古》1963 年第 11 期。

② 河北省临城县城建局:《河北临城县临邑古城遗址》,《考古与文物》,1993 年第 6 期。临城县文化局:《河北临城县中羊泉东周墓》,《考古》1990 年第 8 期。河北省文物研究所、邢台市文物管理处:《河北省邢台市鹿城冈城址试掘简报》,《文物春秋》2007 年第 6 期。

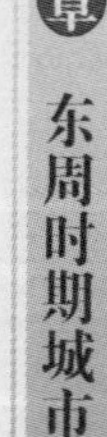

米，东垣长约560米。这个城址应该建设于东周时期。

23. **临邑故城**①

临邑故城位于河北临城县西南，故城呈长方形（图二，6），南北510米，东西320米。据《左传·哀公四年》记载：

九月，赵鞅围邯郸。冬十一月，邯郸降，荀寅奔鲜虞，赵稷奔临。

学者们认为“临”就是后来的“临邑”。因此从文献上看，也许这个遗址的时代上限可以到春秋时期。据调查，该城城墙的建筑方法与侯马故城大致相同，城内的文化层中发现了春秋中期的陶器。文献的记载和通过考古发掘所得到的资料是比较符合的。

据河北省临城县城建局撰写的《河北临城县临邑古城遗址》一文，临邑周围还有属于东周时期的房子、鄗邑、柏人等古城，其详细状况不明。从该地所处的地理条件看，这些古城的性质应该与柏畅故城相似，有比较强的边境军事城市的特点。

24. **潞城故城**②

该遗址在山西省潞城县。残存的西垣长358米，残存的北垣长100米，故城大部分已经被破坏了。城外有东周时期的墓葬群。

---

① 参见前引河北省临城县城建局：《河北临城县临邑古城遗址》。

② 长治市博物馆：《山西潞城县潞河东周、汉墓》，《考古》1990年第11期。

25. **仇由故城**

故城在山西省盂县，由两个形状为不规则的长方形的部分构成。东西两面的城墙都已经被破坏掉了。据《永乐大典》卷5204："仇犹城周九里六十步"。调查者根据城内遗物的状况推测该城建设的时代上限在公元前500年前后，下限在公元前450年前后①。

《战国策》卷2《西周策》曰："昔智伯欲伐仇由"，其高诱注："仇由，狄国，或作仇首也。"《吕氏春秋·权勋》曰："中山之国有仇由者。"该地在东周时期属于狄人居住的地方，该城是了解当时少数民族城市情况的好资料，期待会有比较全面的发掘。

26. **归城故城**②

归城故城位于山东省黄县东南。故城分内城和外城两个部分。内城呈曲尺形，南北长780米，东西宽450米。外城呈圆形（图二，7），周长10公里。城墙大约建设于西周晚期，与曲阜故城第三期的城墙的时代属性大略相同。城墙上可以看到两三次增筑的痕迹。故城的时代上限大约在西周时期，下限大约在春秋时期。发掘者认为这个古城就是莱国的都城。

---

① 刘有祯：《山西盂县东周厹由遗址调查》，《考古》1990年第11期。

② 李步青等：《山东黄县归城遗址的调查与发掘》，《考古》1991年10期。

27. 阳城故城①

阳城古城位于河南省登封县告城镇。故城南北长2000米，东西宽700米。（图二，8）北墙外侧还有两层城墙。城内北部有大约属于战国时期的大型夯土建筑遗址，城内东北部发现了战国时期的蓄水池和陶水管等遗迹遗物，在南墙外发现了铸铁遗址。从城墙夯土层中发现了战国时期的陶片，研究者认为阳城的城墙大约建设于东周时期。

28. 城村古城②

故城位于河南焦作市西南。故城平面呈方形，北墙长295.5米，残存的西城墙长277米。故城的时代上限大约是周，下限在西汉时期。

29. 中山灵寿故城③

中山灵寿故城位于今河北省平山县三汲乡。故城平面呈桃形（图二，9），南北长约4000米，东西约宽2000米。故城的城墙分为4个部分，东城的高地是宫殿区，东城南部发现居住遗址，西南城中也有居住遗迹，手工业集中在故城的中部。西北城大约是王陵区，但也发现了居住遗迹，这也许是与陵墓有

---

① 中国历史博物馆考古发掘组：《河南登封阳城遗址的调查与铸铁遗址的试掘》，《文物》1977年12期。河南省文物研究所等：《登封王城岗与阳城》，文物出版社，1992年。杉本宪司：《挖掘中国古代——城郭都市的发展》，中公新书，1986年。

② 李保德等：《焦作发现一座古城》，《文物》1958年第4期。

③ 《战国中山灵寿城——1975～1993年考古发掘报告》，文物出版社，2002年11月。河北文物管理处：《河北省平山县战国时期中山国墓葬发掘简报》，《文物》1979年第1期。

关的人居住的地方。中山是白狄之国，战国时期有一段时期国力快速膨胀，对周围的国家产生了很大的影响。①

30. **南阳遗址**②

遗址位于河北省容城县，被当地人称为“燕国城”，其内部状况不明。该遗址中发现了有“易市”字样的陶片，在这附近还发现过“燕王职”戈、“西宫”壶、“左征”铜壶盖、“右征尹”铜壶。据《史记》卷34《燕召公世家》：

桓侯七年卒，子庄公立。

其《集解》引《世本》曰：

桓侯徙临易。宋忠曰：今河间县是也。

迁都的时间在公元前691年。《水经注》卷11《易水注》记载：

易水又东，径易县故城南，昔燕文公徙易，即此城也。

《史记》和《水经注》中的记载，有“桓侯”和“文公”的不同，但是关于易的位置的记载大致相同，因此这里大概就是战国时期的燕都临易。“西宫”应该是该城中的宫殿，“征”是燕国官府的名称。③

---

① 关于中山的族属，有白狄鲜虞说、周同姓说、子姓说、魏别封说等看法。1979年李学勤、李零发表《平山三器与中山国历史的若干问题》（《考古学报》1979年第2期）以后，大部分学者采纳了白狄说。

② 孙继安：《河北容城县南阳遗迹调查》，《考古》1993年第3期。

③ 黄盛璋：《齐燕兵器的研究》，《古文字研究》第19集。

31. **大城遗迹**

在上述南阳遗迹东3公里处还有一座城的遗迹。《太平寰宇记》卷70《河北道》归义条曰：

> 县东南十五里有大易城，是燕桓侯之别都。

大易城就是大城遗迹。该遗迹中有称为“大城”的部分和被称为“南城”的部分。“南城”东西宽约1200米，南北长约1000米，这里应该是与易都关系密切的一个城市，其时代上限在东周时期，下限在汉代。

32. **窦店故城**①

窦店古城也被称为芦村故城。1959年北京市文物部门正式命名这座古城为“窦店故城”。（图二，10）遗迹在北京房山区，西壁残长250米，南壁残长1230米。城内有环城和小城，其建筑时代与大城不同。故城应该建设于战国早期，战国中期进行了修缮，城墙的夯筑方法与燕下都相似，发掘者和一些学者认为这个遗迹就是燕国中都遗址。

离窦店古城不远还有座董家林古城，也有一些人认为这座董家林古城是燕国的中都。② 董家林古城的城墙被西周初期的墓葬所破坏，废弃的时间应该西周中期以前。所以董家林古城是燕中都的可能性比较低。

---

① 北京市文物研究所拒马河考古队：《北京市窦店古城调查与试掘报告》，《考古》1992年第8期。邹衡：《商周考古》，文物出版社，1979年。北京市文物研究所拒马河考古队：《燕中都城址调查与试掘》，《北京市文物与考古》第3集，1992年。

② 《顺天府志》卷13良乡县。

33. **蓟故城**①

蓟又被称为蓟丘。《战国策》卷30《燕策二》昌国君乐毅为燕昭王合五国之兵而攻齐条记载道：

> 齐王逃遁走莒，仅以身免。珠玉财宝车甲珍器尽收入燕，……齐器设于宁台，蓟丘之植，植于汶皇。

《史记》卷80《乐毅列传》的记录与此相似，其《索隐》曰：

> 蓟丘，燕所都之地也。

可知蓟丘是燕昭王时期燕国的都城。据考古调查，战国晚期的蓟丘在今北京市宣武门与和平门之间。详细材料还没有发表。

34. **燕下都故城**②

燕下都故城位于今河北省易县。在战国时期这座城市正式的名称是武阳，秦汉时期也使用的是武阳这个名字。据《水经注》卷11《易水注》：

> 盖易自宽中历武夫关东出，是兼武水之称，故燕之下都，擅武阳之名。……武阳，盖燕昭王所城也。

大约是因为子之之乱，燕的旧都易受到了很大的破坏，所以燕昭王迁都于此。据考古发现，燕下都故城东西宽约8公里，南北长约4公里，分为东、西二城。（图二，11）东城内还有城墙将北半部隔开，形成了一个收纳宫殿、陵墓和仓库的地方。西城的建设比东城稍晚，西城内没有大型建筑遗迹，只发现了两处战国时期

---

① 北京市文物研究所：《北京考古四十年》，燕山出版社，1990年。

② 河北省文物研究所：《燕下都》，文物出版社，1996年。

的一般建筑遗迹。在这些遗迹中发现了兵器，因此发掘者认为这两处居住遗迹应该是军队的驻地。手工业区和大部分的居住区都在东城南部，东城北部被城墙隔开的部分中，发现了大量夯土建筑遗址。其中老姆台、张公台、望京台、老爷庙台等台基位于一条直线之上，这条直线也许就是该城的中轴线。陵墓区在宫殿区的西侧，宫殿区与陵墓区之间发现了兵器制造作坊等遗迹。

35．**宜阳故城**①

宜阳故城在河南省西部的宜阳县西 25 公里处。据《战国策》卷 1《东周策》秦攻宜阳章记载说：

宜阳城方八里，材士十万，粟支十年。

另外，在《战国策》卷 4《秦策二》秦武王谓甘茂章中也说：

宜阳，大县也。上党南阳积之久也。名为县，其实郡也。

根据这些记载可知宜阳是一个比较大的城市。宜阳原本是韩昭侯的封地，因为地处秦国东进的要道，所以在公元前 300 年开始，秦国数次包围攻击宜阳，最后在韩襄王四年（前 307 年）被攻陷，“秦拔宜阳，斩首六万”，② 彻底丧失了元气。

据发掘资料，宜阳城郭大致呈“凸”字形，（图二，12）南北长 2220 米，东西宽 1810 米。故城内发现的遗物中兵器的数量最多。宜阳故城的调查对探索东周时期地方大城市的实际状态十分重要。

---

① 赵安杰：《战国宜阳故城调查简报》，《中原文物》1988 年第 3 期。

② 《史记》卷 45《韩世家》。

36. **扶沟古城**①

扶沟古城位于河南省扶沟县西南，古城平面呈不规则的长方形，东西短，长度约为480米，南北稍长，长度为800米。基本上所有的城角都呈圆形。西墙中部稍稍向外突出。城内曾经发现楚国的金币和银币十数公斤。

发掘者认为这个古城就是春秋时期郑国的曲洧。关于曲洧的文献记载很少，发掘者也没有详细透露该古城内部的详情。从地理位置来看，扶沟古城位于楚国重要的交通线上，② 大量金属货币的发现，表明了该城商业的繁荣。

37. **刘国故城**③

刘国故城位于今河南省缑氏县。故城建筑在一个河流边突出的半岛上，三面临河，只有南面发现夯土城墙。遗迹的范围东西宽约650米，南北宽约1220米，故城中部遗迹较多。

38. **华阴故城**④

华阴故城位于陕西省华阴县。故城平面呈椭圆形（图二，13），南北长285米，东西宽140米。城内发现了魏的方足布、板瓦等。据《史记》卷44《魏世家》：

（魏文侯）三十六年，秦侵我阴晋。

---

① 周口县文化局：《扶沟古城初步调查简报》，《中原文物》1988年第3期。

② 前引陈平：《楚东国地理研究》。

③ 梁晓景：《刘国史迹考略》，《中原文物》1985年第4期。

④ 黄河水库考古队陕西分队：《陕西华阴岳镇战国故城勘查记》，《考古》1959年第11期。

《史记》卷5《秦本纪》曰：

（惠王）六年，魏纳阴晋，阴晋更名宁秦。

另外《史记》卷69《苏秦列传·正义》引《华山记》曰：

此山分秦晋之境，晋之西鄙则曰阴晋。秦之东邑则曰宁秦。

根据这些记载可知，大约原来的阴晋和宁秦是分属晋国和秦国的两个边境城邑，后来秦占领了阴晋，将两城合并为宁秦。作为边境城市，这两个城市应该有比较浓重的军事色彩。故城中没有发现战国以前的遗物，因此该城大约建设于战国初期前后，其使用的时代下限不甚明了。

39. **扶苏故城**①

扶苏故城位于河南省商水县西南，故城有内城和外城两个部分，外城东西宽800米，南北残长100米。内城在外城中部稍微偏北的地方，边长约250米。调查者认为故城建筑于战国晚期，也许是秦的阳城。

40. **古荥阳城、河阴故城、道李故城、常庙故城**

这些遗址都位于河南郑州市西北郊外，古荥阳城遗迹发现了一些城墙遗迹，长约800米。常庙遗迹的面积约有5000平米。河阴故城的城墙只有西壁和南壁残留下来，长度分别为400米和500米。

---

① 商水县文物管理委员会：《河南商水县战国城址调查记》，《考古》1983年第9期。

41. **当阳季家湖故城**①

当阳季家湖故城位于今湖北省当阳县。故城的平面呈不规则长方形，面积约有2.24平方公里。城内发现了夯土高台建筑遗迹、制陶遗迹等。调查者根据城墙夯土的状况推测该城的建筑年代大概在春秋以前。城内北部有大型高台建筑遗迹，周围曾经发现了编钟和铜制建筑构件。

关于该城相当于历史上的哪座城市这一问题，学界还没有定论，很多学者认为这里应该是“丹阳”或者是“郢”。

42. **郢城故城**②

郢城故城位于湖北省江陵县。纪南城在郢城故城北5公里处。故城平面呈方形（图三，1），其北壁长1453米，东壁长1400米，南壁长1283米，西壁长1267米，总面积约196万平方米。在四面城墙的中部都发现了城门，城内发现夯土高台建筑基址16处。故城的使用下限大约在东汉时期。

43. **鄂王城遗址**③

鄂王城遗址位于湖北省大冶县。建设于东周时期，平面呈不规则的长方形，面积约有0.1125平方公里。

---

① 湖北博物馆：《当阳季家湖楚城遗址》，《文物》1980年第10期。杨权喜：《当阳季家湖考古试掘的主要收获》，《江汉考古》1980年第2期。

② 江陵郢城考古队：《江陵县郢城调查发掘简报》，《江汉考古》1991年第4期。

③ 大冶县博物馆：《鄂王城遗址调查简报》，《江汉考古》1983年第3期。

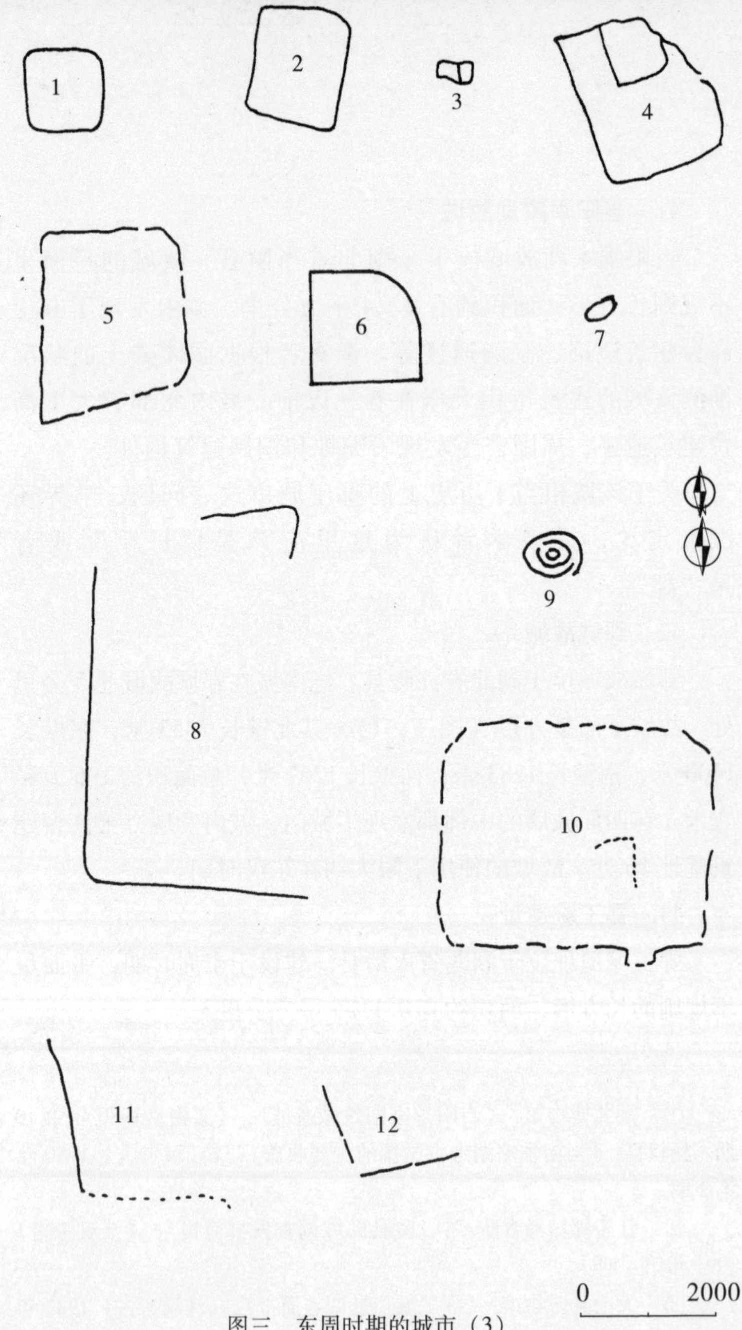

图三　东周时期的城市（3）

1. 郢城故城、2. 黄国故城、3. 云梦楚王城、4. 楚皇城故城、5. 上蔡故城、6. 阳翟故城、7. 草店坊故城、8. 寿春故城、9. 奄故城、10. 纪南城故城、11. 雍城故城、12. 栎阳故城

44. 阴湘故城①

位于湖北江陵县。大约建设于东周时期，平面呈不规则方形，面积有0.12平方公里左右，在城墙遗迹上发现了四个城门遗址，另外北墙还有水门遗迹。

45. 信阳楚王城遗址（长台关故城）②

信阳楚王城遗址位于河南信阳长台关，故城分南城和北城，南城周长约1879米，东西宽约530米，南北宽约400米。大城在北边，南北长约422米，东西方向比小城长400米左右。连小城在内，遗址的周长约有3587米，总面积达68万平米。根据考古资料，该城建设的时代上限在战国以前，使用的下限在汉代。这里大概是楚国的成阳。

46. 黄国故城③

黄国故城位于河南省潢川县。故城呈长方形（图三，2），东壁长1650米，西壁长1550米，南壁长1800米，北壁长1720米。发现三处城门遗迹。城内发现12处铸铜遗迹，在城内中南部发现了夯土高台建筑遗迹。从城中南部夯土建筑的地层来看，这个城市至少在春秋时期就已经存在了，故城的下限在汉代。

---

① 江陵县文化局：《阴湘古城的调查与探索》，《江汉考古》1986年第1期。

② 黄盛璋：《楚王城》，《历史地理论集》，人民出版社，1982年。欧谭生：《信阳楚王城是楚顷襄王的临时首都》，《中原文物》1983年特刊。

③ 杨履选：《春秋黄国故城》，《中原文物》1986年第1期。

47．**西不羹城**①

西不羹城在河南省襄城县东。遗迹南北长1500米，东西宽1000米。故城周围发现了不少东周时代的墓葬。城内的具体状况不明。

48．**召陵故城**②

召陵故城位于湖北省郾城县。故城分内外两城，内城南北长约120米，东西宽约100米，位于外城的西北部。外城呈正方形，周长8公里。该城应该与楚国的方城防御线有关。

49．**安昌故城（道国故城）**③

安昌故城位于河南省确山县。故城周长2500米，城内发现许多东周至北齐时期的遗物。城外发现了有“道伯”铭文的青铜器。城内的详细状况不明。

50．**析邑故城**④

故城在河南省西峡县东北，平面近方形。东壁长700米，南壁长500米，西壁长750米，北壁长326米。这个遗址附近的河南省淅川县境内还有定阳古城、寺湾故城、兴化古城、马登古城等东周时期的城市遗迹。

---

① 尚景熙：《楚方城及其与楚国的军事关系》，《中原文物》1992年第2期。

② 前引尚景熙：《楚方城及其与楚国的军事关系》。

③ 李芳芝：《河南确山发现道国铜器》，《中原文物》1992年第2期。

④ 韩维周等：《河南西峡及南阳市两古城调查记》，《考古通讯》1956年第2期。

51. **吕王城古城**①

吕王城古城位于湖北省大悟县东。地面上的城墙已经完全被破坏掉了。故城的建设时期大约在春秋晚期或者战国早期，使用的下限在汉代。古城内发现了大量的建筑材料和制造铜器时产生的废弃物。发掘者认为这个遗迹是春秋时期的弦国，也就是后来汉代的江夏。

52. **云梦楚王城故城**②

故城位于湖北省云梦县城关。故城的平面呈曲尺形(图三，3)，城的中部还另外筑有城墙，这个城墙是汉代修建的，它将故城分为东西两个部分。故城东西宽1900米，南北长1000米，在城墙上发现五处城门遗迹，城内发现了夯土高台建筑遗迹。调查者根据文化层中的遗物推断故城应该建设于战国中期以后。东城的城墙上发现了西汉时期的墓葬，所以至少在西汉时期东城就已经被废弃了。

学者对这座遗址的历史比定的议论较多，大体上有“秦安陆县说”、“汉江夏县说”、“陨国故城说”等，③但是故城内发现了“安陆市亭”陶文，而且著名的云梦秦简就是在该遗址不远的地区发现的，应该说“秦安陆县说”比较妥当。

---

① 孝感地区博物馆:《湖北大悟吕王城遗址》,《江汉考古》1990年第2期。

② 孝感地区博物馆:《湖北孝感地区两处古城遗址调查简报》,《考古》1991年第11期。湖北省文物考古研究所等:《92年云梦楚王城发掘简报》,《文物》1994年第4期。

③ 张泽栋:《云梦楚王城初探》,《江汉考古》1990年第2期。

53. **楚皇城故城**①

楚皇城故城位于湖北省宜城县东南。故城遗迹面积约2.2平方公里，故城东北隅有一处被称为“金城”的小城，（图三，4）应该是汉代的遗址。发掘者认为这个遗迹就是春秋时期的鄢郢，也有一些学者认为这里是郢城。②

54. **上蔡故城**③

上蔡故城在河南省上蔡县。这里原来是蔡国的国都，后来被楚国所兼并。故城建筑于东周时期，平面略呈方形。（图三，5）城内西南有夯土建筑遗迹，应该是宫殿区的所在。在河南上蔡县境内，还有武津、平舆等东周时期的故城。武津故城在上蔡县东北部，南北长约650米，东西宽约500米。平舆故城在上蔡党店集，平面呈长方形，周长2850米。

55. **东不羹故城**④

故城在河南省舞阳县境内，遗址平面呈“凸”字形，城墙周长约5500米，其西壁长1000米，东壁残长100米。城内东北部宫殿区中发现了有“宫房”字样的陶器。

56. **阳翟故城**

阳翟故城位于河南省禹州市，城址平面略呈方形，东北角呈弓形（图三，6）。东壁长1600米，西壁长1750米，北壁长

---

① 楚皇城考古发掘队：《湖北宜城楚皇城勘查简报》，《考古》1980年第2期。

② 石泉：《湖北宜城楚皇城初考》，《江汉学报》1963年第2期。

③ 尚伟：《上蔡县境的楚文化遗存》，《中原文物》1993年第1期。

④ 前引尚景熙：《楚方城及其与楚国的军事关系》。

1500 米，南壁长 1850 米。宫殿区在故城内的西北部。城外发现了贵族墓地。阳翟之地在韩哀侯时曾经是韩国的临时首都，商业也十分繁荣，大商人吕不韦就出身于此。

57. **草店坊故城**①

遗迹在湖北省孝感县，平面呈椭圆形（图三，7），城墙周长 1326 米，东西宽约 518 米，南北长约 326 米。故城东西两面各有一座城门，故城中部发现了宫殿建筑遗迹。故城的建设上限为战国时代，下限在汉代。

58. **寿春故城**②

故城遗迹在安徽省寿县，遗迹南北长约 6. 2 公里，东西宽约 4. 25 公里。城内发现了著名的鄂君启节。遗迹北部发现了大型夯土建筑遗迹，这个区域应该是宫殿区。一般认为这个遗址是“寿春郢”。(图三，8)

59. **奄城故城**③

故城在江苏省武进县，该遗址是古代奄国的国都。进入战国时期，这里先后被吴国和楚国所兼并。故城平面大略呈圆形，有三重城郭。（图三，9）遗址附近发现了许多大型夯土建筑遗迹，城内有 4 处，城外有 33 处。

---

① 前引孝感地区博物馆：《湖北孝感地区两处古城遗址调查简报》，《考古》1991 年第 11 期。

② 参见谷口满：《楚国的都城》，《长江文明Ⅱ 诸流域的文明》，中日文化研究第 10 号，勉诚社，1996 年。

③ 参见前引杉本宪司：《发掘中国古代——城郭都市的发展》。

60. **固始故城**①

该遗址位于河南省固始县境内。遗址有内城和外城两重城墙，内城在外城的东北隅，外城周长13.5公里，内城周长5.6公里。遗址的文化层中发现了很多春秋战国时期的陶器残片，还发现了楚国的货币。该城使用的上限为东周时期，下限为汉代。

61. **纪南城**②

纪南城位于湖北省江陵县，遗址位于纪山之南，故称之为纪南城。故城平面略呈一个倒置的“凸”字形，北壁长3547米，南壁长4502米，西壁长3751米，东壁长3706米，总面积约为16平方公里。

城墙的西北、西南、东北三隅都呈圆角。（图三，10）这种特征也可以在云梦楚王城、寿春故城、楚皇城看到。纪南城有七个城门，其中有两个是水门。城内东南部发现很多遗迹，应该是纪南城中最主要的部分。在城内东南部发现了宫城，其平面呈正方形，边长约1公里。发掘者认为故城的上限在春秋晚期以后，城内发现的汉代遗迹遗物也有很多，所以该城使用的下限大约在汉代。

---

① 汉青：《固始县北山口春秋战国古城址调查报告》，《中原文物》1983年特刊。

② 湖北省博物馆：《楚都纪南城的勘查与发掘》，《考古学报》1982年第3、4期。

62．**雍城故城**①

雍城故城位于陕西省凤翔县，平面呈不规则的方形，(图三,11）西壁长 3130 米，南壁长 3300 米，总面积达 1089 万平米。城内发现古道路遗迹 8 条，东西方向和南北方向各 4 条，互相呈十字状交叉，整个道路网呈棋盘状。在西城墙上发现了三处城门遗址，与城内东西方向的三条道路相连。

故城中有姚家岗宫殿区、马家庄宗庙区、豆腐村朝宫建筑区（马家庄三号建筑遗址）、凤尾村宫殿建筑区。故城北部发现了市场遗址。雍城在秦迁都咸阳前是秦国政治的中心，在迁都以后仍然是秦国的重要城市，不但宗庙仍旧在此，一些重要的祭祀活动和礼仪活动仍然在这里举行。

63．**栎阳故城**②

栎阳故城位于陕西省临潼县渭水北岸的地区，这个遗迹在 1964 年和 1980 年进行过两次调查试掘，但是两次调查的结果有很大的不同。据 1964 年的调查结果，故城呈长方形，城内有四条道路遗迹。据 1980 年的发掘，故城呈不规则形，（图三，12）在这次调查中发现了故城的西壁和南壁，其残长分别为 1420 米和 1640 米。城内发现建筑遗迹 15 处，道路遗迹 13 条。这些遗迹都是秦或者汉代的遗迹。发掘者根据道路和残存的城墙，推测故城原来的规模大致是东西宽约 2500 米，南北 1600 米左右。

---

① 陕西省考古研究所雍城考古队：《秦都雍城钻探试掘简报》，《考古与文物》1985 年第 2 期。

② 陕西省文物管理委员会：《秦都栎阳遗址初步勘探记》，《文物》1966 年第 1 期。中国社会科学院考古研究所栎阳发掘队：《秦汉栎阳城遗址的勘探和试掘》，《考古学报》1985 年第 3 期。

战国时期的栎阳是秦国最大的城市之一，据“云梦秦简”中的《仓律》，当时一般的县城中的粮仓储粮1万石，而栎阳粮仓储粮达2万石。

64. 秦咸阳遗址

秦咸阳遗址位于陕西省咸阳市窑店乡附近。秦孝公于孝公十二年迁都于此，直至秦灭亡的一百二十余年间，这里一直都是秦的首都。秦咸阳遗址的中心部，据调查者推测已经因为渭水的北移而被冲毁了。现在大部分的调查和试掘都集中于今天称为“北塬”的高地（也就是文献史料中的“北坂”地区）和长陵车站附近的地区。这两个部分大约相当于秦咸阳的北部地区。在北塬地区曾经发现了一个长方形的夯土城圈，其东西宽约1048米，夯土墙体的宽度只有7米左右，与临淄等战国都城城墙宽度动辄超过20米的状况很不相同，应该不是秦咸阳的城墙，而是某一个宫室的围墙。在这个城圈内发现了8处高台建筑遗址，其中的三座已经得到发掘。在这个城圈附近还有很多大型建筑遗址。在长陵车站附近发现的遗迹主要是手工业遗迹。

学者间对秦咸阳的复原有着不同的意见。刘庆柱认为上述已经发掘的宫殿遗迹附近应该就是秦咸阳的中心区域，整个秦咸阳的规模较大，东西宽大约6公里，南北长大约7.5公里。王学理认为在北塬地区发现的建筑遗迹是“冀阙宫殿”，而秦咸阳周围没有真正意义上的郭城。还有一些学者依据《华阳国志》中的记载，推测秦咸阳是由大城和小城构成的，曲英杰依据“考工记说”推测了秦咸阳的布局。杨宽依据“坐西朝东说”对咸阳的构造进行了分析。贺业钜根据《西京赋》

中的记载指出秦咸阳是采用“象天法地”的设计理念建设的。总的来说，对于秦咸阳的构造问题，学者们的意见主要集中在秦咸阳有无郭城、秦咸阳的主要宫殿区在哪里、秦咸阳规划的方向性等几个问题上。

在复原秦咸阳之时，首先需要解决的是秦咸阳有无外郭城的问题。在70年代开始对秦咸阳进行详细调查之时，有很多学者认为秦咸阳存在外郭城，代表这种意见的学者有武伯伦、杨宽、王丕忠等，近年张沛也提出了大致同样的看法。这种看法的依据主要有以下几点史料，即：《史记·滑稽列传》中“二世欲漆其城”的记载，《史记》卷73《白起列传》中的“出咸阳西门十里，至杜邮”的记载，《华阳国志》卷3“（张）仪与张若城成都，周回二十里，高七丈。……与咸阳同制”的记载，《太平寰宇记》卷72引扬雄《蜀王本纪》中“（成都）与今之长安同制”的记载等。关于这些史料的分析和批判，已经有不少学者做过了，这些考证集中见于李令福、徐卫民的研究中，这里就不赘述了，综其结果：他们认为白起所出之咸阳西门，应该指咸阳的某一个宫门。成都与咸阳同制的记载是不可信的。①

由于秦咸阳故址的一部分已经被渭水冲毁，加之考古资料和文献资料都比较少，依靠直接的论据复原秦咸阳构造的时候

① 李令福：《秦都咸阳若干问题的探索》，《中国历史地理论丛》1998年增刊。李令福：《秦成都与咸阳同制考辨》，《陕西师范大学学报（哲社）》2003年第3期。徐卫民：《秦都咸阳城郭之再研究》，《文博》2003年第6期。

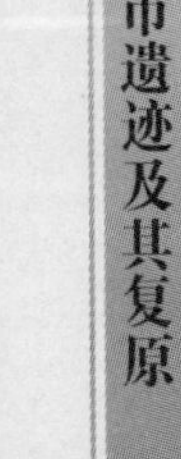

会遇到很多困难，这也是学者间对秦咸阳构造问题持有不同意见，长期不能统一的原因之一。笔者认为，在直接资料比较少的情况下，根据关中地区这个时代的其他都城的状况，从城市建设传统的角度进行分析，并参合秦国政治发展的宏观动向，是可以在一定程度上正确掌握秦咸阳的宏观构造的。

雍城和栎阳是秦人迁都咸阳之前的都城，两座城市都已经过详细地发掘。根据考古资料可知，雍城故城和栎阳故城都有城墙，但是没有采用像邯郸故城或者临淄故城那样复杂的城墙结构，只有一重主要的城墙。雍城故城还有几个很独特的构造特点，那就是在故城外，离故城不太远的地区，还散在着许多宫殿，比如橐泉宫等，这些宫殿属于雍宫殿群的一部分，宫殿外都有保护宫殿的城墙。这其实就是秦人城市规划的一个特点。也就是说秦人的都城，一般都以一座有一重城墙的城市为中心，在其周围还散布着一些宫殿设施，这些城外的宫殿设施都有城墙，它们共同拱卫着中心城市。关于这一点，笔者在下一章还要详细叙述。

秦灭亡后，刘邦定都长安，建设了长安城。据张衡《西京赋》（《文选》卷2）：

（汉长安城）取殊材于八都，岂启度于往旧。乃览秦制，跨周法，狭百堵之侧陋，增九筵之迫胁。

其李注曰：

跨，越也。因秦制，故曰览。比周胜，故曰跨之也。

另外，《汉书》卷16《高惠高后文功臣表》记载道：

梧齐侯阳城延以军匠从起郏，入汉，后为少府，作长乐、未央宫，筑长安城。

《文选》卷3《东京赋》记载：

是以西匠营宫，目翫阿房。

其李注曰：

西匠谓之旧匠也，……阳城人，名延，为少府，作长乐、未央宫。

从这些记载看，汉长安城最初的规划建设者就是秦国的旧匠阳城延，这个阳城延也许参加了阿房宫的规划和建设，也许对阿房宫的规划非常熟悉。而汉长安城正是“览秦制”——也就是说因循了秦国的制度建设的。汉长安城的构造特点也是只有一重城墙，在中心城市以外散布着一些有城墙的宫室和卫星城市。

从秦咸阳之前的雍城故城、栎阳故城以及秦咸阳之后的汉长安城的构造来看，东周以及西汉时期关中地区的城市，应该没有采用与东方诸国类似的双重或者双重以上的城郭构造，一般只有一重城墙。以此类推，秦咸阳也只有一重城墙的可能性相当大。

那么秦咸阳的一重城墙的规模有多大呢？

史料中的秦咸阳其实有两层含义，其第一层含义是指商鞅主持建设的早期咸阳城，也就是狭义的咸阳。旧咸阳比较小，位于当时的渭水北岸。这个早期的咸阳周围应该和雍城故城以及栎阳故城一样，被一重城墙包围着，因此史料中才会出现“出咸阳西门”、“二世欲漆其城”以及《汉书》卷36《楚元

王传》中“秦始皇之末至二世时，日月薄食，山陵沦亡，辰星出于四孟，太白经天而行，无云而雷，枉矢夜光，荧惑袭月，孽火烧宫，野禽戏廷，都门内崩”等记载。旧咸阳的城墙的大部分应该由于渭水的北移已经被破坏了，其北部是否还有存留，要等考古工作者做更细致的工作才能知道。

秦咸阳的第二层含义就是广义的咸阳，也就是王学理所说的“大咸阳”。大咸阳是秦国国力增强以后，在渭水南岸逐渐扩充宫殿、宗教设施和居住区的结果，大咸阳横跨渭水两岸，范围广大，其周围当然没有城墙。

以上简单列举了60余个东周时期的城市的考古资料，来介绍东周时期城市发展的大致状况，并对一些城市内发现的出土文字资料进行了分析，还对一些城市的复原提出了自己的意见。下一章笔者将依据这些资料对东周时期各地都城构造的地域性差异进行分析。

第二章　东周时期各地城市的地域性差异

一般来说，城市构造是一个时代的技术力量、经济和政治形态、社会构造和社会思想、文化形态的合力所决定的。而社会思想、地域文化对城市构造的影响是笔者最为关心的问题。东周时期正是一个各地政治形态、社会构造和思想文化的差异比较显著的时期。关于东周时期中国各地的地域性文化差异，李学勤在《东周与秦代文明》中作了详细的论述，他把当时的中国分为七个文化圈，即：以周为中心，北至晋国，南至郑、卫的三晋两周文化圈，中原地区北部的包括中山、燕国等地域的北方文化圈，齐国、鲁国及其周边小国所代表的齐鲁文化圈，长江中游流域的楚文化圈，淮水流域以及长江下游的吴越文化圈，位于今天四川地区的巴蜀文化圈，位于关中以及西北地区的秦文化圈。①

近 20 年的地方史研究成果也表明的各地地方文化的独特性。比如根据《齐国史》和《鲁国史》中的研究可知，齐鲁两国虽然相邻，但是两国的经济形态有着相当大的差异，齐国

① 李学勤：《东周与秦代文明》，文物出版社，1991 年。

的商业十分发达，手工业在齐国占有重要地位，而鲁人恪守周人的传统，商业在经济中占的比例很小。① 一般来说，具有相同的文化，有着相似的经济形态的地域中的同等城市，应该拥有比较相似的城市构造，相反，文化和经济形态相差很大的地区，其城市构造也应该有比较大的差异。

东周以后的中国古代社会是一个高度集权的封建社会，正如一些学者所指出的那样，最直接地影响中国古代城市构造的是政治要素。② 那么，在东周时期各国是否拥有均一的政治要素呢？答案当然是否定的。虽然西周时期为了封邦建国的需要，建立了一个大致统一的全国性的城市制度，但是进入东周以后，由于“礼崩乐坏”，“先王之制”的影响逐渐减弱。至春秋战国之际，文献中屡屡有类似“且古者，四海之内分为万国，城虽大，无过三千家者，……今千丈之城，万家之邑相望也”的记载，可见西周的城市制度已经被抛弃掉了。在当时政治上四分五裂的状况下，制定一个全国统一的城市制度是不可能的。

本章首先对东周时期的城市做一个分类，然后对各地区的同一类型的城市进行构造上的比较，分析各地城市在构造上的特征，最后总结各地区城市经济形态在某些方面的差别。

---

① 王阁森、唐致卿主编：《齐国史》，山东人民出版社，1992 年。郭克煜等：《鲁国史》，人民出版社，1994 年。

② 傅筑夫：《中国古代城市在国民经济中的地位和作用》，《中国经济史论丛》，三联书店，1980 年。

第一节　东周时期城市的规模及分类

一、西周时期城市制度的崩坏

《国语·楚语上》曰：

且夫制城邑若体性焉，有首领股肱，至于手拇毛脉，大能掉小，故变而不勤。地有高下，天有晦明，民有君臣，国有都鄙，古之制也。

在《左传·隐公元年》中也有这样的记载：

都，城过百雉，国之害也。先王之制，大都不过参国之一，中五之一，小九之一，今京不度，非制也。

除此之外，类似关于城市制度的记载还有很多。因此可以认为西周时期存在着一个以分封制为基础的城市制度。关于周代的城市制度，后世的儒者是这样解释的：

定以王城方九里，依此数计之，则王城长五百四十雉。其大都方三里，长一百八十雉；中都方一里又二百四十步长，一百八雉也；小都方一里，长六十雉也。公城方七里，长四百二十雉。其大都方二里又一百步，长一百四十雉也；中都方一里又一百二十步，长八十四雉也；小都方二百三十三步二尺，长四十六雉又二丈也。侯伯城方五里，长三百雉。其大都方一里又二百步，长百雉也；中都比王之小都；其小都方一百六十六步四尺，长三十三雉又一丈也。子男城比王之大都。其大都比侯伯之中都；其中都方一百八十步，长三十六雉也；小都方百步，长二十雉也。

《考工记》曰："王宫门阿之制五雉，宫隅之制七雉，城隅之制九雉。门阿之制，以为都城之制；宫隅之制，以为诸侯之城制。"然则王之都城隅高五丈，城盖高三丈；诸侯城隅高七丈，城盖高五丈也。三丈以下，不复成城，其都城盖亦高三丈也。周礼四县为都，周公之设法耳，但土地之形不可方平如图，其邑竟广狭无复定准，随人多少而制其都邑，故有大都小都焉。①

当然，这种后世儒者描绘的制度只不过是一种类似理想国的制度而已，并不见得和西周时期的城市制度完全一致。下面的表是诸国称王以前一些侯国都城面积（表1）：

表1　东周主要侯国国都面积表

国名	爵位	都城遗迹	面积（约数）
鲁	侯	曲阜故城	901万平米
蔡	侯	上蔡故城	860万平米
滕	侯	滕故城	50万平米
齐	侯	临淄故城	1727万平米
薛	侯	薛故城	809万平米
赵	侯	邯郸故城	1581万平米
韩	侯	郑韩故城	2050万平米
魏	侯	安邑故城	1775万平米
燕	侯	燕下都故城	1828平米

从这个表中可以看到，即使是同样的侯国，其都城的面积相差很大，至少在东周时期，并没有一个规定全国都城规模的制度存在，可以断言：上述西周的城市制度，到了春秋时期以后，已经逐渐丧失了它的作用。

---

① 《春秋左传正义》卷2隐公元年。

二、春秋时期与战国时期的城市规模的差异

前引《左传》中“都、城过百雉，国之害也。先王之制，大都不过参国之一，中五之一，小九之一，今京不度，非制也”的记载，记录的是春秋初年的城市规模，在春秋初年，地方城市的规模一般不会超过百雉。① 但是到了战国时期，史料中出现了很多这样的记载：

得三城也，城大无能过百雉者，果如马服之言。②

今千丈之城，万邑之家相望也。③

战国者，外修城郭，内修甲戟矢弩。万乘之国郭方（十）七里，城方九（里，城高）九仞，池（广）百步。国郭城，……方十五里，城方五里，城高七仞。④

从这些记载可以看到，在春秋时期，百雉的城市是大城市，但是到了战国时期百雉的城市已经成为无足轻重的小城市了。战国时期的城市扩张的程度于此可见一斑。

那么，战国时期的国都级城市，比春秋时期在规模上扩大了多少呢？我们可以根据以下三组对比资料得到一个约略的认识：

---

① 参见杉本宪司：《发掘中国古代——城郭都市的发展》五，中公新书，1986 年。

② 《战国策》卷 21《赵策四》燕封宋人章。

③ 《战国策·赵策三》赵惠文王三十年章。

④ 银雀山汉墓竹简整理小组：《临沂银雀山汉墓出土〈孙膑兵法〉释文》，《文物》1975 年第 1 期。

1. 雍城与咸阳故城

据《史记》卷28《封禅书》中“秦德公既立，卜居雍”；《史记》卷5《秦本纪》“德公元年（前677年），初居雍城大郑宫”；《史记》卷5《秦本纪》附《秦纪》中的“（悼公）城雍”的记载可以大略地推测出雍城建设的大致过程，即公元前677年左右建设了大郑宫等宫殿建筑，到了悼公时期才修建了城墙。考古资料也大致证实了这样一个过程，雍城故城的城墙和道路都是建筑在生土上的，城内最早的遗物多属于春秋中期。所以雍城故城的范围应该是春秋中期形成的。根据考古资料，雍城故城的面积大约有1056万平米。关于战国时期建设的秦都咸阳的面积，由于秦咸阳没有发现围绕城市范围的城墙，学者之间的意见稍有不同。刘庆柱根据考古遗迹的分布推测秦咸阳东西宽约6000米，南北长约7500米，总面积约4500万平米①，秦咸阳的面积大约比雍城大4倍多一点。

2. 新田故城与邯郸故城、郑韩故城、安邑故城

据史料记载，晋人于公元前585年从故绛迁都新田，一直到公元前349年为止，新田都是晋国的首都。根据考古资料，新田遗迹有白村等7个城郭构成，而白店、牛村、平望、台神这几个城圈构成新田的中心区域，这个中心区域的面积大约有515万平米。郑韩故城、邯郸故城、安邑故城是三家分晋以后韩赵魏三国的都城，其主要范围大致形成于战国时期。其中郑韩故城的面积大约有2050平米，邯郸故城的面积大约有2086万平米，安邑故城的面积大约有1775万平米。可见战国时期

① 王学理认为秦咸阳的范围大概是东西7200米，南北6700米，总面积约4824万平米。见《秦物质文化史》，三秦出版社，1994年。

韩赵魏三国的国都的规模与春秋时期的新田故城相比，基本上是大了 4 倍左右。这个数字与秦人都城从春秋到战国的扩张倍率相同，值得注意。

3. 丹阳季家湖故城与纪南城

学者间对春秋时期的楚都究竟是哪座城市这一问题还有不同的意见。丹阳季家湖故城应该与春秋时期的楚都有很密切的关系，① 季家湖故城东西宽约 1400 米，南北长约 1600 米，总面积大约 2.2 平方公里。战国时代的楚都纪南城的总面积约为 16 平方公里。纪南城比丹阳季家湖故城大了 8 倍左右。

与上述中原地区春秋至战国时期的都城扩张 4 倍的倍率相比，楚文化圈的同期都城扩张的倍率达到了 8 倍。这和春秋战国时期楚国急速发展的历史过程是相符合的。春秋时期的楚国还是一个落后的国家，季家湖故城的面积只有雍城或者曲阜故城的二分之一到三分之一。但是到了战国时期，楚国无论是国力还是文化方面都快速发展，纪南城从面积上看，和中原都城相比没有什么逊色之处。通过上文的比较所得来的数字还表明，东周时期中国各地城市发展的速度是不同的。

至于地方城市，从上面引用的文献可知，春秋初期的大型地方城市规模被限制在百雉以下，百雉大约相当于 1124 米。而战国时期比较大的地方城市，比如宜阳，其规模为长 2220 米，宽 1810 米，春秋时期的大型地方城市的大小不过是战国

---

① 曲英杰：《先秦城市复原研究》，黑龙江人民出版社，1991 年。谷口满：《楚国的都城》，《长江文明Ⅱ 诸流域的文明》，中日文化研究第 10 号，勉诚社，1996 年。

时期大型地方城市的三分之一左右。从下文中的《东周城市规模散布图》可以看到，其他资料也表明春秋时期的大城的规模大约相当于战国时期中等偏小的城市。

关于春秋时期和战国时期小型城市的规模，根据上述“小（城）九之一”的记载换算，春秋时期小城的边长大约是124米左右，这种规模的小城与战国时期的地方小城临邑相比，面积仅有临邑的八分之一到十分之一左右，而与《墨子·备城门》中记录的战国“小城”相比，春秋时期的小城面积仅相当于备城门篇记录的小城的四分之一。

根据以上分析，战国时期中原地区的都城或者大城级别的城市规模，比春秋时期同一等级的城市大致扩大了4到5倍，楚文化圈的都城级城市的扩大倍率也许更高。也就是说不同文化圈的城市规模到了战国时期都得到了很大的发展，而从扩大的倍率上看，南方地区城市规模发展的更快，这些数字表明的东周时期我国各地城市发展的速度是不均衡的。

三、考古资料所见东周时期的城市规模和城市等级

文献资料中有很多关于东周时期城市规模的记载，比如《战国策》卷13《齐策六》貂勃常恶田单章中有“平安君以惴惴之即墨，三里之城，五里之郭，……”，但是同样在《战国策·齐策六》田单伐狄条中却说即墨的规模是“五里之城，七里之郭”。另外《战国策》卷2《西周策》三国攻秦条记录了宜阳城的规模为“城方八里”，据考古发掘资料，宜阳城长2220米，宽1810米，按一里等于337.5米计算，2220米大约相当于6.5里，这样算出的结果与文献中的8里相差很多。可

见这些记载的精度都不高，所以笔者在这里将依据考古资料进行分析。

首先笔者将遗址范围明确的东周时期的主要城市的长度与宽度标定在平面直角坐标系中，制作了东周城市规模散布图（图四），笔者使用的东周时期的主要城市的名单如下：

郑韩故城、灵寿故城、燕下都故城、临淄故城、安邑故城、纪南城、邯郸故城、雍城故城、东周王城、薛城故城、曲阜故城、归城故城、宜阳故城、栎阳故城、楚皇城、纪王城故城、云梦楚王城、黄国故城、郢城故城、古魏城故城、阳城故城、古晋城故城、洪洞故城、阳翟故城、草坊店故城、扶沟故城、临邑故城。

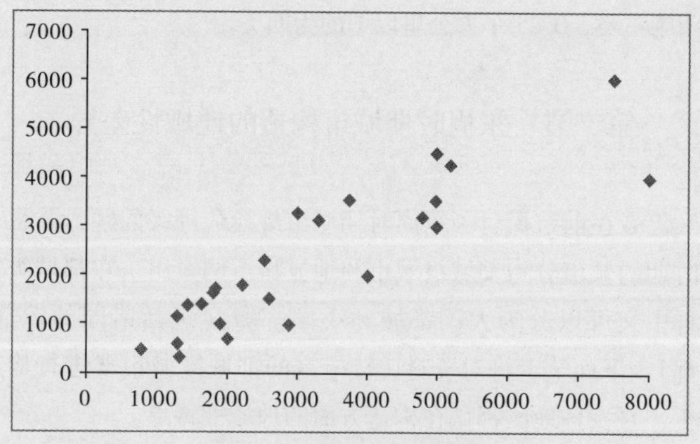

图四　东周城市规模散布图

从这个图中可以看到东周时代的城市，在规模上大致有两个比较明显的分界，其中的一个大的分界基准在3000米×3000米点左右，这里可以画出一条斜线，在这个分界线左下方的是

地方城市，其右上方是都城，或者是旧都以及别都。位于这个分界线之上的城市群可以称为都城级城市群，其下的可以成为地方城市群。在都城级城市群中还可以看到一条以3000米×5000米点为基准显示出的分界，在这条分界右上角的城市，除中山国都灵寿以外，都是东周时期国力最强的大国的都城。位于其右下的都城级城市，一般都是二三流诸侯国的首都，或者是大国的别都、旧都，如秦国的雍城等。地方城市的分界线不太清晰。由于缺乏齐、燕等地区的资料，时代区分也因为各种困难比较粗放，这种分类是否妥当，还有待更多的资料证实。许宏在《先秦城市考古学研究》中也按城市面积对当时的城市进行过分类，他将城址面积在10平方公里以上的城市作为一类，1至10平方公里的为二类，0.25平方公里至1平方公里的城市为三类，0.25平方公里以下的为四类。①

第二节　东周时期城市构造的地域性差异

笔者在前节探讨了东周时期城市规模的等级问题，并将东周时期的城市分为都城级城市和地方城市两大组。在都城级城市群中又可以分为大国都城和小国都城（包括诸国的旧都、别都）。下面笔者将对资料比较丰富的都城级城市群进行构造分析，寻找各地区都城在构造方面的地域性特点。

---

① 许宏：《先秦城市考古学研究》，北京燕山出版社，2000年，第136页。

一、秦国都城的地域性特征

关于东周时期城市的地域性差异的研究，应该是在 20 世纪 90 年代以后才逐渐增加，在 90 年代以前甚至到现在，认为当时中国各地的城市是按照相同的规划制度（或称其为城市规划传统）建设的这种论点，在学界有相当大的影响。这里首先探讨秦国都城在构造上的地域性特点。

以下张衡《西京赋》中的这段记载，笔者已经引用多次了，为了论述方便这里再引用一次：

取殊材于八都，岂启度于往旧。乃览秦制，跨周法，狭百堵之侧陋，增九筵之迫胁。

其李注曰：

跨，越也。因秦制，故曰览。比周胜，故曰跨之也。

这条记载清楚地表明，在中国古代的城市规划传统中，存在着“秦制”和“周法”两种流派。“秦制”都城应该有以下构造特点：

1. 没有采用“宫城·郭城”的城市构造形式，都城内的宫殿分布比较分散。

关于雍城以前秦人都城的构造，文献记载很少，考古资料也不多，但是近三十年来，考古工作者对秦人建设的雍城、栎阳和咸阳遗迹进行了比较详细的发掘和调查，学者们对这三座城市的复原工作也进行了辛勤的工作，取得了很大的成果。为了叙述方便，首先笔者要比较详细地介绍一下这三座城市的情况。

从整体来看，雍城遗址平面大略呈菱形，周长约13公里，其西城墙上发现了三处城门遗迹，1号门址位于西城南端向北400米处，2号门址位于1号门址北侧大约1805米的地方，3号门址位于2号门址北面大约765米处。各城门都有三条门道，而除楚国以外的东方各国的城门，多半都是一条门道。

城内发现4条南北方向的道路和4条东西方向的道路，这些道路将城内分为25个区。在雍城故城内发现了23处大型建筑遗迹，这些大型建筑遗迹分布在上述25个区中的7个区域内，大型建筑的分布是比较分散的。大型建筑中，马家庄建筑遗迹位于故城中部，发掘者认为其中的1号建筑遗迹是宗庙。但也有学者持不同意见。按《史记》卷28《封禅书》：

> 而雍有日、月、参、辰、南北斗、荧惑、太白、岁星、填星（辰星）、二十八宿、风伯、雨师、四海、九臣、十四臣、诸布、诸严、诸逑之属，百有余庙。

可见雍城内有相当多的宗教性建筑，最终确定马家庄这座宗教建筑的性质，还需要更多的考古资料和出土文字资料。

发掘者认为雍城城内的主要宫殿位于姚家岗附近。在姚家岗附近发现了青铜制的建筑构件和凌阴遗址。在雍城北部发现了市场遗址，其周围有墙，面积达3万平米。[①] 据“张家山汉简”的记载，雍城城内有市并设有市亭。

根据考古调查的资料，在雍城故城外的横凹里、瓦岗寨、

---

① 雍城考古队：《秦都雍城钻探试掘简报》，《考古与文物》1985年第2期。

高庄、东社、马道口、孙家南堡子濠、河南屯等地发现7处东周时代大型建筑遗迹。孙家南堡子濠发现了“蕲年宫当”，证明秦蕲年宫就在这个地区。《三辅黄图》卷1引《庙记》曰：

蕲年宫在城外。

文献资料和考古资料都证明蕲年宫在雍城故城之外，根据文献记载，雍城周围有不少秦人的宫殿，如蕲年宫、橐泉宫、年宫、来谷宫等，这些宫殿并非只有离宫别馆的作用，有一些城外的宫殿地位崇高，一些秦王长期居住在城外的宫殿中，还有一些秦王的冠礼也是在城外的宫殿举行的。

雍城故城的构造，和所谓的“周制”的标准都城构造——即《左传》中记载的方形城市构造有一定的相似之处。大约在春秋中期，西周时期的城市制度对秦人还是有相当的影响的，这与秦人在发展自己的势力时大量吸收周人力量有一定的关联。但是雍城故城也是有一些自己的特点的：首先，城内发现的大型建筑遗址并非集中在一处，而是散布在城内的7个地区中，可以推测秦人在雍城城内的宫殿相对来说是比较分散的。其次，雍城城外还有不少宫殿，而且这些宫殿并非完全是离宫别馆，其中一些宫殿在秦国政治中有着重要的作用。第三，雍城虽然有城墙，但是没有像东方诸国那样明显的宫城，只有一重主要的城墙。这些特点都不同于东方诸国，也为以后秦人进一步发展自己的城市规划传统埋下了种子。

关于栎阳故城的构造，由于可以详细探讨城内构造的资料不多，其宫殿和市场等的分布状况不甚明了。但是，从现有的资料可以知道，建设于战国时期的栎阳故城依旧没有采取当时

东方诸国已经十分流行的宫城加郭城的城建模式。①

对于秦咸阳的考古调查开始于1959年，刘庆柱根据考古资料，对秦咸阳的大致范围作了界定。他认为秦咸阳大致东自柏家嘴（若包括兰池和兰池宫遗址应自肖家村），西至毛王沟；北由高干渠，南到西安市草滩农场附近。都城东西6公里(若以肖家村记，为7.5公里)，南北7.5公里。后来他又作了进一步的补充和修正，认为秦咸阳城的范围东自柏家嘴村，西至长陵车站附近，北起成国渠故道，南至汉长安城遗址以北约3275米，推断秦咸阳城东西约7220米，南北约6700米。秦咸阳南部大约有3千余米的范围已经被北移的渭水所冲毁。

对秦咸阳的发掘虽然已经经过半个世纪，但是依旧没有能发现大规模的城墙遗迹。关于秦咸阳是否存在城墙，学者间的意见并不同意。一些学者认为秦咸阳是一个没有城墙的城市，或曰只有宫城而没有外郭城，现在持这种观点的学者比较多。② 这种观点主要认为，秦人迁都咸阳初期只是修筑了冀阙宫殿，并未大兴土木建筑城墙，其原因是因为秦国与东方各国处于频繁的战争之中，数代秦王都没有余力建设咸阳的城墙，而昭王以后，秦人国力大强，即使开关迎敌，六国军队也不敢

---

① 陕西省文物管理委员会：《秦都栎阳遗址初步勘探记》，《文物》1966年第1期。中国社会科学院考古研究所栎阳发掘队：《秦汉栎阳城遗址的勘探和试掘》，《考古学报》1985年第3期。

② 王学理：《秦都咸阳》，陕西人民出版社，1985年。李令福：《秦都咸阳若干问题的探索》，《中国历史地理论丛》，1998年增刊。徐卫民：《秦都咸阳的几个问题》，《陕西省博物馆馆刊》第6辑，陕西人民出版社，1999年等。

深入，因此失去了修筑咸阳城墙必要性，到了秦始皇时期，秦人有了新的关于城市规划的构想，渭水南北的广大范围都被划入国都概念之中，甚至出现了把整个关中当作国都的宏大构想，因此就没有建设咸阳周围的城墙的必要了。秦始皇时期咸阳的规划十分宏大而特别，秦咸阳逐渐形成了一个有范围而无轴心，有宫城而无大郭城的城市，在整体布局上，秦咸阳呈散状分布的交错型，城市的政治中枢随时间转移，一直没有定型。还有一种类似的意见认为，秦咸阳没有外郭城，环绕着咸阳曾经有过一条防御用的水濠。①

另外一派的学者则认为秦咸阳有外郭城。这些学者的主要论据是关于秦咸阳的史料中一些有关“城”的记载。虽然这些学者都认为咸阳有外郭城，但是他们对于这个“外郭城”的具体构造却持有不同的认识。杨宽根据《华阳国志》中的记载和秦始皇陵东向的构造特征，认为秦咸阳坐西朝东，应该有大小两个城圈构成。张沛认为秦咸阳应该有城墙，但是没有言及城墙的平面形状，从刘庆柱的研究中可以看到，刘先生也认为秦咸阳应该有城墙。日本学者五井直弘在论述秦国城市与东方诸国城市的区别时，认为秦人采用了“一城制”的方式规划城市，这种意见其实也是倾向于秦咸阳有城墙的。

笔者认为秦咸阳应该有一个比较小的城圈。这个比较小的城圈不在现在窑店地区的塬上，而应该位于比较南部的地区。笔者这种意见的理由如下：

首先，从东周时期秦地城市发展的过程看，秦人有在城市

① 孙德润：《秦都咸阳故城形制》，《泾渭稽古》1995 年第 1 期。

周围修筑城墙的传统。

笔者已经在上文指出，雍城的建设过程大概是这样的，首先在公元前677年左右，秦人在雍城修建了大郑宫，此时的雍城并没有城墙。到了悼公时期，也就是说到了大约公元前499年至公元前477年之间才“城雍”，也就是说秦人在定都雍城后过了将近180年左右才开始修建雍城的城墙。在德公定都雍城到悼公城雍之间的年月中，曾经出现过秦穆公这样伟大的君主。穆公曾经向由余展示雍城宏大的宫室积蓄，由余回答说：“使鬼为之，则劳神矣。使人为之，亦苦民矣”，可见当时曾经有过庞大的城市建设工程。也许当时也有过城墙建设的行为，而最后完成雍城城墙建设的是悼公。在雍城以后，秦人建设的另外一个都城是栎阳城。据《史记》卷5《秦本纪》记载，栎阳的城墙是在秦献公二年（前423年）建设的，栎阳有城墙的史实已经被考古发掘所证实。从这些事实来看，秦人是有修建城墙的传统的。另外，直接继承咸阳城市规划的汉长安城也有城墙。从历史发展的角度看，秦咸阳之前的秦国都城有城墙，继承秦国都城规划手法的汉长安也有城墙，似乎秦都咸阳有城墙的可能性比较大。

其次，在秦国的史料中，关于建设城墙的记载非常多，比如“云梦秦简”中就有很多关于城墙的记载，《墨子·备城门》被认为是秦墨的作品，① 其中《号令》篇中记载了很多与城墙建设以及依据城墙防御的资料，如：

① 岑仲勉：《墨子城守各篇简注》再序，中华书局，1981年。李学勤：《秦简与〈墨子〉城守各篇》，时报文化出版，1995年。

令将卫自筑十尺之垣，周还墙，门、闺者非令卫司马。

葆宫之墙必三重。

第一条史料中的“十尺”，从文脉看是指城墙的高度，[①] 葆宫之墙三重，说明宫殿的围墙外还有城墙。这些史料都从侧面表明秦人是有建设城墙的传统的。

第三，一些关于秦咸阳的史料中提到了秦咸阳的城墙或者城门。笔者将这些史料罗列于下：

(1) 二世立，又欲漆其城。(《史记》卷126《滑稽列传》)

(2) 秦始皇之末至二世时，日月薄食，……都门内崩。(《汉书》卷36《刘向传》)

(3) 秦王乃使人遣白起，不得留咸阳中。武安君既行，出咸阳西门十里，至杜邮，……秦王乃使吏者赐之剑，自裁。(《史记》卷73《白起王翦列传》)

另外还有一些关于地名的史料也牵扯到秦咸阳的城墙。如：

(4) 渭城，故咸阳。高帝元年更名新城，七年罢属长安。武帝元鼎三年更名渭城。(中略) 莽曰京城。(《汉书》卷28《地理志》)

对于这些史料中的 (1)，一些认为秦咸阳没有外郭城的学者认为其中的“城”字指的是宫城。其实，这种论点是没有直接的史料依据的，当然，认为这里的“城”是外郭城的

---

① 上引岑仲勉：《墨子城守各篇简注》号令六一。

看法，也同样没有直接史料依据。关于史料（2），一些学者认为这则史料属于汉代文人议论政治的文字，不足为信，这种想法也无可厚非。关于秦咸阳史料中最为核心的史料是史料（3），这则记载中明确地使用了“咸阳西门”这个词。对于这个词，李令福通过推算杜邮的位置，然后又推算杜邮到咸阳的距离，得出杜邮以东十里的地方正是咸阳宫城的结论，并依此得到这则史料中的“咸阳西门”是“宫门”的结论。①

对于这种推论，笔者持怀疑态度。首先，史料中明明写明“咸阳西门”，在没有直接证据的情况下，推翻之，解释为“宫门”，不太符合史料考证的方法。其次，秦咸阳在渭北的地区有很多宫殿，除了位于今牛羊村和姬家道附近的宫殿和兰池宫以外，其他宫殿的位置不得而知。李令福所说的离今三姓庄东4700米左右的地方，正好是现在牛羊村和姬家道附近的宫殿遗址。所以这种论点中的“宫门”，似乎就是指这座宫殿的宫门。现在牛羊村姬家道附近的宫殿遗址，一般认为是所谓的“仿六国宫殿”，在毛王沟附近发现的楚国瓦当和柏家嘴发现的燕国瓦当就是其例证。众所周知，所谓“仿六国宫殿”是秦始皇在统一中国的过程中建设的宫殿，根据该遗址的发掘报告，这个遗址地层单纯，都是战国晚期的文化层，没有改建等地层现像。而白起自杀是秦昭王四十八年（前249年）的事情，白起怎么能从还没有修建好的宫城出西门在杜邮自杀呢？

因此在没有直接史料证明史料（3）中的“咸阳西门”是咸阳某宫西门的情况下，应该对李令福的观点持慎重态度。史

---

① 上引李令福：《秦都咸阳若干问题的探索》。

料（3）中“咸阳西门”的记载，应该是证明秦咸阳有城墙的直接证据。

史料（4）中的地名也是应该重视的，从西汉初到西汉末，一直把旧咸阳称为“渭城”、“新城”、“京城”，这些地名中间都有“城”字，也是秦咸阳有城墙的侧证。

秦国的都城外围有城郭，但是并没有形成像东方诸国都城那样的由宫城和郭城构成主要城市结构的构造。这首先因为虽然秦咸阳各宫外都有墙壁，但是这些墙壁相对于东方诸国宫城的墙壁来比较，都比较薄，而且规模也比较小。比如秦咸阳牛羊村附近发现的宫殿外围的墙壁，东西宽仅 900 米，南北宽仅 579 米，比东方诸国的宫城小的多。另一方面，秦国都城中的宫殿比较分散，比如雍城中类似宫殿的遗迹分散分布于 7 个区中，分散的宫殿也使秦人不会去建设巨大的宫城。

因此，笔者认为，秦国都城不同于东方诸国都城的第一个特征，就是秦人建设都城没有采用宫城加郭城的城市构造，而是采用了“非宫城·郭城式”的城市构造，这种“非宫城·郭城式”的构造的特征是，都城外围拥有城墙，宫殿分散分布，宫殿外的墙壁比较简单，与东方诸国的宫城相比有很大不同，城、郭分工的现象不明显。

秦国都城没有采用“宫城·郭城式”城市构造的原因，应该从秦国社会的特殊性中探求。首先，早期的秦国是一个血缘色彩浓厚的社会，据史料可知，在商鞅变法以前，秦国仍然是“戎翟之教，父子无别，同室而居”（《史记》卷 68《商君列传》），“秦与戎狄同俗”（《战国策·魏策三》）。在这种情况下，秦国内部统治者与被统治者的社会矛盾，因为血缘关系

的紧密而一直比较缓和，没有必要建设大规模的宫城来防御本国的人民。同时，战国中期以后，秦国国力膨胀，受外国军事攻击的危险也越来越小，就更没有建立巨大宫城的动机了。最后，秦国的地理特点，决定其首都不容易被敌国直接攻击，大概因为这些原因，秦国都城呈现出整体宫城化的倾向。

在秦始皇发动统一中国的战争并得到胜利之后，秦人的这种城市规划传统发生了进一步的变化，采用了一种“象天法地”式的城市规划。

2. 秦文化圈的都城一般都没有明显的规划中轴线，而采用了以重要宫室为中心点的规划手法。

到了东周时期，东方诸国的都城在设计上都采用了中轴线设计的手法。比如燕下都故城、郑韩故城、甚至曲阜故城都可以看到比较明显的中轴线。[①] 而雍城古城、栎阳故城以及秦都咸阳都没有发现明确的规划中轴线。

所谓城市规划的中轴线，并非是简单地把城市从中间分为两个部分的直线。中国古代城市中的中轴线，多半是由主要道路、大型建筑来表现的，不一定就位于城市的正中。[②] 在上述三个秦国的都城中，都没有发现这种连续的道路和大型建筑表现的直线。这一点，特别是秦始皇时期以后的秦都咸阳的构造中表现的最为明确，王学理称秦咸阳是一个有范围而无轴心的

---

① 贺业钜：《中国古代城市规划史论丛》，建筑工业出版社，1981 年。

② 拙著《中国古代都城的中轴线》，《阪南论集（人文·自然科学)》第 34 号第 1 卷，1998 年 6 月。

散状都城。这与笔者的认识稍有不同，笔者认为秦咸阳没有规划中轴线，但是存在着规划的中心。特别是秦咸阳，有很多史料记录了当时都城规划的中心。比如《三辅黄图》卷1曰：

> 始皇穷极奢侈，筑咸阳宫，因北陵营殿，端门四达，以则紫宫，象帝居。

《史记》卷6《秦始皇本纪》记载：

> 作信宫渭南。已更命信宫为极庙，象天极。

这种依据中心点本位规划城市的结果，产生了都城非对称构造。秦国都城存在这种非对称的城市构造，已经被秦雍城故城以及栎阳故城的发掘所证明。

雍城故城中最主要的的宫廷建筑有位于马家庄的马家庄建1号建筑群、马家庄4号建筑群、姚家岗建筑群、凤尾村宫殿群。其中马家庄3号建筑群和马家庄4号建筑群位于雍城故城比较偏中部的地方，其附近还有马家庄1号建筑群和马家庄2号建筑群，据韩伟的研究，这两座建筑应该是与宗庙有关的建筑。位于马家庄的这4组建筑之间看不到明显的直线关系。凤尾村宫殿群在城北，姚家庄建筑群在雍城故城中部偏西，这几个建筑群的分布比较散乱，似乎并不是经过预先统一规划建设的宫殿。在雍城古城中没有发现主要建筑通过主要道路连接城门的现象，而这种现象正是东方诸国表现规划中轴线的常用手法。因此可以断定，雍城故城中没有明显的中轴线。

栎阳故城中最主要的大型建筑遗址是Ⅰ号建筑遗址。这个

遗址位于栎阳城中部，其南面有一条大路，但是这条大路南出不远就与一条东西方面的道路交汇，并没有向前延伸，而且这条大路也不是正对南门的。① 从栎阳城的整体布局看，栎阳的城市规划中应该没有成熟的中轴线。

由于资料匮乏，我们还不清楚咸阳故城宫殿区的整体构造。但是在今牛羊村附近发现的秦宫殿遗址已经被考古工作者所发掘，其平面布局是比较清楚的。据发掘报告以及王学理的研究可知，这里的宫殿没有采用对称式的构造，也没有发现几座宫殿呈明显直线分布的情况，这种情况与邯郸赵王城、燕下都、郑韩故城中的宫殿布局很不相同。

从雍城故城和栎阳故城的情况看，在秦人建设咸阳之前，大约比较缺少对城市的整体规划。秦人迁都咸阳以后，才慢慢地开始形成自己的城市规划传统。雍城、栎阳城的一些特点——比如说宫殿分布很分散等特点——也被吸收到秦咸阳的规划之中，成为秦人城市规划传统的一部分，而都城规划中的中心点本位思想，也许是因为这种传统的桎梏，在秦始皇时期才形成的。

秦人采用中心点本位的都城构造的原因有很多，除了上述宫殿分散的传统这一原因以外，自古秦人中盛行自然崇拜思想和秦人比较不重视宗法思想也是重要的原因。也就是说，东方诸国重视中轴线，普遍采用中轴线本位的都城规划手法，与宗法制中的昭穆左右排列的祭祀方法有一定关系，对西周时期庙

① 中国社会科学院考古所栎阳发掘队：《秦汉栎阳城遗址的勘探和试掘》，《考古学报》1985 年第 3 期。

制的意见有很多，但是西周时期的宗庙必然采用昭穆分别排列在左右两边的构造。① 宗庙是西周城市制度中最为重要的部分之一。而史料云“有宗庙先君之主曰都”（《左传·庄公二十八年》），宗庙的这种左右对称的构造对其所在的城市的构造的影响应该是很大的。

祖先是秦人祭祀的一种神祇，但是秦文化圈中更盛行自然崇拜。秦人最重视的祭祀是“畤祭”。徐中舒先生认为：“秦国诸畤，出于当地传说，起初均为民间祠祀，所祭之庙为杂和体，其与五行配合乃后来之事。畤为峙立之意，民间所祭杂神，可能在田中立石以祭，属原始拜物教。”② 徐先生的意见是很有道理的。从“畤”的起源来看，它是一种非城市的、田野性的祭祀。《史记》卷28《封禅书》中有一些关于“畤”的描述，比如：集解引晋灼曰：“《汉注》：在陇西西县人先祠山下，形如种韭畦，畦各一土封。”又集解晋灼曰：“汉注在陇西西县人先祠山下，形如种韭畦，畦各一土封。”又《索隐》引《汉旧仪》云：“祭人先于陇西西县人先山，山上皆有土人，山下有畤，埒如菜畦，畤中各有一土封，故云畤。”《封禅书》在叙及东方祭天礼仪时也说：“盖天好阴，祠之必于高山之下，小山之上，命曰‘畤’。”秦国诸畤，随着历史的变迁有一定的变化，史料中记载了秦人的以下诸畤：西畤，为

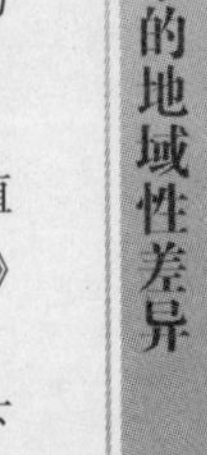

① 王建新曾经利用昭穆制度对墓葬被葬者进行过分析，其方法值得参考。参见王建新：《关于中国先秦的昭穆制》，《泉屋博古馆纪要》五，1988年9月。

② 徐先生所撰原文无法入手，转引自缪文远《七国考订补》下册，上海古籍出版社，1987年，535至536页。

秦襄公时期祭祀的畤，祭白帝；鄜畤，秦文公时期所立，也是祭祀白帝的地方；密畤，秦宣公时期所立，祭祀青帝。吴阳上畤和下畤，秦灵公所立，分别祭祀黄帝和炎帝；畦畤，秦献公所立，祭祀白帝。

秦国的这些祭祀场所都在城外，其祭祀的对象，是青黄白炎帝，这种祭祀也被认为是祭天的一种。上文笔者引用了《史记》卷28《封禅书》中的以下记载：

而雍有日、月、参、辰、南北斗、荧惑、太白、岁星、填星（辰星）、二十八宿、风伯、雨师、四海、九臣、十四臣、诸布、诸严、诸逑之属，百有余庙。

这些神祇大部分都是天上的星宿，也许就是这种对天和天上的星宿崇拜在秦人的宗教生活中占有重要的地位，因此才出现了模仿星空世界的中心点本位的城市规划模式和分散的宫殿分布状况吧。

3．发展和丰富了以“象天法地”为主要内容的城市规划理论，为中国古代城市规划传统增加了新的内容。

在城市规划理论方面，秦人也有与东方诸国不同之处，尤其是秦始皇执政时期，秦人发展了气度恢宏的以“象天法地”为主要内容的城市规划理论。这种师法天地的城市规划思想其实早在东方诸国就存在了。比如《吴越春秋》卷4中就有以下的记载：

阖闾曰：“善，夫筑城郭，立仓库，因地制宜，岂有天气之数，以威邻国者乎？”子胥曰：“有”。阖闾曰：“寡人委计于子。”子胥乃使相土尝水，象天法地，造筑大城。周回四十七里，陆门八，以象天八风，水门八，以法地八聪。筑小城，周十里，陵门三。不开东面者，欲以绝越明也。立阊门者，以象天门，通阊阖风也。立蛇门者，以象地户也。阖闾欲系破楚，楚在西北，故立阊门以通天气，因复名之破楚门。欲东并大越，越在东南，故立蛇门以制敌国。吴在辰，其龙位也，故小城南门上反羽为两鲵，以象龙角。

这段记载也许就是“象天法地”一词之首现。这种在东方发生发展的城市规划理论进入秦国以后，得到了发扬和光大。据《三辅黄图》卷1咸阳故城条：

（秦始皇）二十七年，作信宫渭南，已而更命信宫为极庙，象天极，自极庙道通骊山。作甘泉前殿，筑甬道自咸陽属之。始皇穷极奢侈，筑咸阳宫，因北陵营殿，端门四达，以制紫宫，象帝居。引渭水灌都以象天汉，横桥南渡，以法牵牛。

《史记》卷6《秦始皇本纪》中也有类似的记载，可知秦咸阳更全面更发展地使用了以“象天法地”为中心的规划理论。关于这一点，笔者将在下文论述东周时期城市规划理论的时候还要详细叙述。

以上，笔者简单地概观了秦文化圈都城构造的特征。雍城故城、栎阳故城以及秦咸阳故城与笔者在下面叙述的东方诸国的都城构造相比，有相当大的不同。因为史料中有都城制度有“周制”和“秦制”的说法，所以如将东方诸国的都城制度称为“周制”都城的话，秦人的这种独特的都城制度似乎可以称其为“秦制”。

二、东方诸国都城的构造特征

以下笔者将要简述东周时期东方诸国都城的构造特征。这里首先根据城垣的层数，将东周时期的各国都城做以下分类：

（1）一重城郭式的都城：雍城故城、栎阳古城、咸阳故城。

（2）两重城郭式的都城：临淄故城、曲阜故城、安邑故城、纪南城、王城、薛城故城。

（3）多重城郭式的都城：侯马故城、燕下都故城、灵寿故城、邯郸故城、郑韩故城，奄城故城。

将这个分类标定在中国地图上，我们可以发现，一重城郭式的都城多分布于在函谷关以西的秦文化圈中。多重城郭式的都城多分布在三晋及其北部的中山、燕国。两重城郭式的都城分布在齐鲁以及泗上诸国和楚国。三晋地区的南部以及两周地区是多重城郭式都城与两重城郭式的都城分布区的邻接地带，这两种构造的都城都可以在这里看到。

这个结果让我们发现，东方诸国的不同地区的都城，在构造上也有不同的特点。以下对此作简单的概括：

1. 三晋及北方地区都城的构造特征

首先三晋及北方地区都城的最大特征就是采用了多重城郭式的构造。比如：郑韩故城有三重城墙，邯郸故城有大北城和赵王城两个部分，赵王城拥有 3 个城圈，即邯郸故城至少有 4 个城圈。侯马故城的构造更为复杂，除了白店故城之外，还有三个小的城墙构造。据江村治树的推测，侯马故城的外郭城应该在台神等三个小城的东南，曲英杰认为侯马古城的外郭城不在台神东南，而在其北部。无论怎样推测，侯马故城附近除过呈王等小的附属城池以外，至少拥有四个城池。中山灵寿故城的外郭城内的部分，被城墙分割为三个部分，在其东城中还有一个宫城。燕下都故城分为东西两个大的城池，在东城中另有一条城墙，将宫殿区和一般居住区分隔开。

其次，这个地区的都城至少在宫殿区中，有使用一系列大型夯土建筑来表现的中轴线。这种轴线在燕下都故城以及邯郸的附属城郭赵王城中表现的非常明显。

第三，和秦国相比，这个地区的都城宫殿分布比较集中，并且宫殿大多被放置于宫城之内。

三晋地区的都城采用复杂的城郭构造，是有其特定的历史原因的。比如像赵国首都邯郸的赵王城，完全是一种军事堡垒性质的防御设施，而这种堡垒一般出现在没有战略纵深的国家。这种国家的首都离边境的距离不远，敌国军队如果发动进攻，能很快地接近其首都。比如在朝鲜半岛和日本，由于地域狭窄，没有战略纵深可供撤退和回旋，所以被称为山城的防御设施十分发达，统治者平时居住在离山城不远的平原城市中，一旦有敌人的军事威胁，就立刻进入山城躲避，等待援军的到来。在战国时期，特别是在骑兵成为战国时期战场的重要力量以后，这种没有战略纵深的国家的首都，一旦接到敌国入侵的警报，就已经没有充足的时间以及战略纵深可以用来撤退或者转移了。战国时期骑兵已经比较普及，关于骑兵的作用，孙膑曾经指出："用骑有十利：……七曰掩其不备，卒击其未整旅；八曰攻其懈怠，出其不意；九曰烧其积聚，虚其市里；十曰掠其田野，系累其子弟。"① 骑兵和突袭被经常地用在对城市的奔袭战中，这是战国时期战争的一个特

---

① 《通典》卷149。

点。如在著名的“围魏救赵”的军事行动中就可以看到这种战争手法，据《史记》卷65《孙子吴起列传》：

田忌欲引兵之赵，孙子曰：夫解杂乱纷纠者不控卷，救斗者不搏撠，批亢捣虚，形格势禁，则自为解耳。今梁赵相攻，轻兵锐卒必竭于外，老弱罢于内。君不若引兵疾走大梁，据其街路，冲其方虚，彼必释赵而自救。是我一举解赵之围而收弊于魏也。田忌从之，魏果去邯郸，与齐战于桂陵，大破梁军。

由于突袭战术的流行，战国期间三晋诸国的都城屡被敌人进攻，首都被威胁的次数远远超过其他地区，这是三晋“四战之地”的军事地理条件所决定的。所以三晋各都不得不通过建筑多重城墙来加强首都的防御。燕、齐两国的首都也曾经被对方攻陷，齐国仅用了50天就攻陷了燕国国都，燕王身死。出于这种历史经验，这两个国家的都城的城墙构造也是比较复杂的。处于西方的秦国则不然，秦国在西方有广大的疆域，给秦人提供了良好的战略纵深，除了都城咸阳外，旧都雍城和栎阳也有坚固的城墙和丰厚的储备。秦人军事力量也保证了秦国在战国期间首都从来没有被敌国攻击过。这应该也是秦国国都不修建多重城墙的原因之一。

2. 齐、楚地区都城的构造特征

齐、楚地区的都城基本上采用了两城式的构造特征。但是齐与楚的都城在构造上还是有所不同的。正如曲英杰和谷口满所指出的那样，楚国地方的都城，其城墙的四角基本上都是圆角型的。云梦楚王城、草王嘴古城、纪南城、郢城故城、寿春故城等，都有圆形的城角。而靠近齐地的薛城故城、滕城故城、纪王城的城角都是方形的。楚国诸都城墙上的城门多有三个门道，还多设有水门，这也是与齐地都城不同的地方。在这两个地区中，愈往北方，大小城相连的都城构造越多，愈往南方，大小城相套的都城越多。

3. 少数民族城市的构造特征

归城故城、中山灵寿故城、仇由故城、是比较公认的非华夏族的北方城市。归城故城应该是莱国的首都。莱国是子姓，也有人认为是姜姓之国。① 《尚书·禹贡》曰："莱夷作牧"，颜师古注之曰："莱山之夷"。归城故城就在莱山之麓，所以应该是莱国的首都。中山灵寿故城如上章所叙述过的那样，是白狄鲜虞的国都。而南方的奄城故城是奄国的首都，史料中没有记述奄的族属，据《越绝书》记载，奄后来被吴所兼并，应该是与夷有很紧密关系的国家。

归城故城、中山灵寿故城、奄城故城和仇由故城的平面，除仇由以外都是圆形的。而华夏族的城市中除了晋国的边邑阴晋以外，没有近乎圆形的平面。也许东周时期的少数民族比较喜欢圆形的都城。楚国的圆角方形都城从某种意义上说，也是近似于圆形的。

上述仇由故城并非圆形，这与该城的历史有关。如笔者在第一章所引：此城的考古学年代的上限，大约在公元前500年，其下限大概在公元前450年。其城市形成的时间比上述奄城、归城故城都要晚很多。春秋以来，今山西省一带的赤狄与晋的关系十分密切，也许是因为交流很多，甚至与华夏上层有

---

① 顾栋高：《春秋大事表》，中华书局，1993年。

姻亲关系，所以比较容易接受华夏文化的影响。正是由于华夏的影响，这里才采用了华夏的城市构造。中山国在东周时期曾经是一个十分强大的国家，甚至一度攻占了燕国，著名的“五国相王”中也有中山国，很多学者认为中山国强盛的原因，是保持了本民族的生活习惯。中山的华夏化大致发生在战国中期偏晚以后，① 因此在建设中山灵寿故城的时候受到华夏的影响应该比较少，故此采用了与华夏不同的圆形平面。

第三节　东周时期各地城市经济的地域性差异

上世纪 90 年代初，日本学者江村治树利用东周时期三晋地区的货币、兵器以及出土文字资料，对三晋地区城市的特质进行了透彻的分析，取得了很大成果，他在相关的系列研究中使用的研究方法是十分有效而且值得借鉴的。江村先生的研究主要集中在三晋地区，笔者在本节中将参考前人的研究成果，主要对秦国城市的经济特点从多个方面进行梳理，以期得到秦国城市经济的大致的影像。

一、各地城市手工业性质的差异

文献史料中，关于秦国城市经济状况的记载很少，本节主要使用出土文字资料和其他考古资料展开有关问题的探讨。

---

① 关于中山的历史，参见段连勤《北狄族与中山国》，初版于 1982 年，广西师范大学出版社，2007 年再版。关于中山的华夏化，参见前引李学勤《东周与秦代文明》相关部分。

已经进行过考古发掘或者调查的秦国城市与东方诸国的城市相比，手工业遗址的面积比较小，产业种类也比较少，① 这种现象多少表明了秦国城市经济与东方主要国家城市经济的差异。

据出土资料，至少到秦统一六国为止，秦国的铜器制造业、铁器制造业以及漆器制造业大约都是被国家垄断的，人民生活必不可少的陶器制造业则有一定的私人经营。这里首先看看战国时期秦国的铜器制造业的大致状况。

到20世纪90年代初，被一些主要著录所收的秦国有铭铜器大约有200余件。从铜器铭文来看，这些铜器几乎都是官营手工作坊的产品。主要的官营铜器生产机构有“工室”，另外还有“诏吏”可以生产铜器。从铜器铭文来看，战国时期的秦国政府在咸阳、高奴、漆垣、栎阳、千阳、西、雍、图、吾（衙）等地设立有“工室”。② 据秦陶文资料，频阳、美阳、乌氏、好畤、戏也设有“工室”。从这些出土文字资料看，秦政府在其中心区域基本上是每个县设一个“工室”，在蜀地则有“东工”、“西工”两个“工室”。这些“工室”应该位于县治所在的城市之内。

---

① 参见王学理主编：《秦物质文化史》第二章，三秦出版社，1994年。

② 铜器铭文采自王辉《秦铜器铭文编年集释》，三秦出版社，1991年。咸阳为今咸阳市窑店乡附近。高奴和漆在今陕西省延安市附近。栎阳在今陕西省临潼县靠近高陵的地区。千阳和雍在陕西省扶风县。西在天水附近、图、吾（衙）在陕西宝鸡地区。这些城市都是当时的首都或者县级城市。

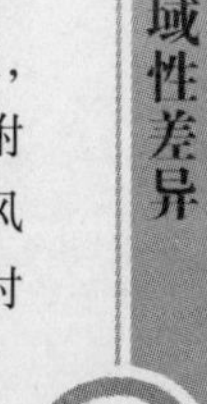

迄今为止发现的这种有“工室”铭文的铜器大多都是生活实用器物以及兵器，虽有不少发现，但是种类并不多，而且地方“工室”生产的铜器在技术上比较落后，① 鉴于秦始皇陵发现了大量运用高超技术制造的铜器，可以估计秦政府对地方“工室”采取了一定的限制措施，地方“工室”负责制造技术含量低的生活器物，高水平、大规模的铜器制造由中央管辖的铜器作坊制作。

秦国中央所属铜器作坊拥有很高的制造技术。秦始皇陵发现的铜车马就是很好的例证。秦陵发现的这些要求高度技术的铜器，应该是中央政府控制的手工业工人制造的。据“云梦秦简”：

(新工) 能先期学成者谒上，上且有以赏之。盈期不学成者，籍书而上内史。(《均工》)

可见内史连学徒的工人也会严密控制。另外“云梦秦简”中还记载道：

都官岁上出器求补者数，上会九月内史。(《内史杂》)

非岁红 (功) 及毋命书，敢为他器，工师及丞赀各二甲。(《秦律杂抄》)

为器同物者，其大小，短长，广亦必等。(《工律》)

从这些法律条款来看，秦国对官营手工业的管理十分严格，法律中存在针对工匠的培养、产品的产量、生产时间、品

---

① 前引王学理主编《秦物质文化史》第二章。

质、规格等方面的详细规定。具体执行法律对手工业机构进行管理的是内史。

那么在被官府严格管理的手工业作坊中工作的工匠都拥有什么样的身份呢？秦兵器铭文和“云梦秦简”中有不少相关的记载。比如秦兵器铭文中有以下记载：

七年，上郡守间造，漆垣工师婴，工鬼薪带。

廿年，相邦冉造，西工师□，丞□，隶臣□。

廿五年，上郡守错造，高奴工师窑，丞申，工鬼薪拙，上郡武库。

廿六年，□□守□造，西工室阉，工隶臣高。①

这样的文例还有很多。据笔者统计，到上世纪90年代发现的上郡守督造的有铭兵器大约有12件，其中“工”的身份是“鬼薪”、“城旦”、“隶臣”的铭文达7件。占了总数的一半以上。“鬼薪”、“城旦”都是刑徒，上引史料中的“阉”应该是受到腐刑之人，“隶臣”应该是官奴。从这些资料和统计来看，秦官营手工业作坊中使用的大多是刑徒和官奴。“云梦

① 这些史料分别见于《文物》1987年第8期，1980年第9期。周世荣：《湖南楚墓出土古文字丛考》，《湖南考古集刊》第1集，湖南文物考古研究所。原田淑人：《周汉遗宝》55之1。李学勤：《战国时代的秦国铜器》，《文物参考资料》1959年第8期。上引王辉《秦铜器铭文编年集释》收集了大部分20世纪90年代以前发现的秦国铜器文字资料，20世纪90年代以后的资料可见王辉、程学华：《秦文字集证》，艺文印书馆，1999年。为了行文方面，以下秦铜器铭文除非特别注明的，均从两书中引用，不另注释。

秦简”中有以下的记载：

隶臣、下吏、城旦与工从事者冬作，为矢程，赋之三日而当夏两日。

冗隶妾二人当工一人，更隶妾四人当工一人，小隶臣妾可使者当工一人。

隶臣有巧可以为工者，勿以为人仆、养。①

这些资料表明，上述与上郡有关的金文资料并不是边境地区的特殊情况，而是秦国的手工业的一般状况，即在秦国的官营手工业作坊中，使用了大量的刑徒、奴隶。同时“云梦秦简”的记录也证明并非只有兵器制造业中才使用刑徒工匠，一般的工程中也使用大量的刑徒和官奴作工。

东方诸国手工业工匠的身份又如何呢？这里先分析一下韩国的兵器铭文：

六年，郑命（令）韩熙，右库工师司马鸱，冶□。②

五年，郑命（令），韩□，司寇长朱，左库工师阳□，冶尹弘造。③

五年，郑令韩菱，司寇长朱，右库工师阳春高，冶尹嬬造。

1972 年前后，在郑韩故城遗址附近发现了 200 余件有类似铭文兵器，格式与上引韩国金文资料相同，从已经公开的铭

① 分别见睡虎地秦简整理小组：《云梦睡虎地秦简》中的《工人程》、《均工》，文物出版社，1978 年。

② 罗振玉：《三代吉金文存》19 之 52 之 1。

③ 罗振玉：《三代吉金文存》20 之 40 之 5。

文内容看，似乎没有与官奴、刑徒有关的文字。①

关于秦国的制铜手工业，还有一件铭文笔者不得不稍做分析。《陶斋吉金录》5·2中有一段铜器的铭文曰："私工工敢，邵宫私官"，李学勤先生认为这个铜器是秦器，但是没有解释铭文的含义。一些学者认为这就是私人制铜业的例证。这种认识是不正确的。秦金文中屡见"私官"，比如"三十六年私官鼎"等。其实这个"私官"和私人手工业无关。《汉书》卷59《张汤传》曰：

私官，皇后之官也。

铭文"私工工敢，邵宫私官"中的"私工"，其实是"私官工室"的省略。所以"私工"也是秦官府手工业的一种，并非私人手工业。②

不仅官营手工业受到秦国官府的严格控制，秦国的私营手工业也受到官府的严密控制。如上所述，秦国在很小的范围内也存在着一些私营手工业，特别是陶器制造业，是私营手工作坊比较多的行业。从这些私营陶器作坊出品的陶器上的铭文可以分析出当时私营手工业与官府的关系。从结论上说，秦国政府对私营制陶业以及相关人员的管理是十分严密的，其管理政策与同时代的东方诸国的管理政策很不相同。这里我们先看看齐国陶文的情况。在第一章中笔者曾经叙述过，位于齐国临淄

---

① 铭文大多类似上面所举例的样子，故不赘引，见郝本性：《新郑出土战国铜兵器部分铭文考释》，《古文字研究》19。

② 另有一种意见认为，"私官"就是"食官"，参见裘锡圭：《战国铭文中的食官》，《文物》1974年第2期。

故城附近发现过大量的陶文。临淄陶文中可以看到不少关于私营手工业的记录，如：

城阳众。

城阳楚。①

“众”、“楚”等是私营手工业工匠的名字。这种有同样文字的陶文出现在很多陶器上，据发掘者研究，从类型学看这些陶器是不同时期生产的，而一些陶器在时间上大约差了两代人左右。② 也就是说，叫“众”或者“楚”的陶工，数十年中制造了大量陶器进行贩卖，在他死后，其继承者继续使用“众”或者“楚”的名字进行陶器生产。这样来看，其实“城阳众”或“城阳楚”戳记已经成为一种商标性质的东西。所以可以肯定，这种类似于“城阳众”、“城阳楚”与下文详述的用于控制和管理制陶手工业的秦国陶文有完全不同的性质。总地来看，齐陶文大约有以下 4 种格式：

(1) 某郭某乡某里某。

如:“楚郭乡产里门”。

(2) 某乡某里某。

比如“辞乡大陶里牙”。

(3) 某邑某里某（有时会被变换为“陶者某”）

比如“奋阳陶里人书”。

---

① 孙敬明:《临淄齐故城内外新发现的陶文》,《文物》1988 年第 2 期。

② 孙敬明:《齐陶文分期刍议》,《古文字研究》19，中华书局，1992 年。

（4）某邑某，某里某。

如上面曾经引用过的“城阳众”。①

这几种形式中以“某乡某里某”的铭文发现最多，战国中期以后的陶文都是这种式样。“某邑某里”的陶器都是地方城市生产的陶器，邑是行政单位，相当于临淄的乡。所以从实质上看“某乡某里某”和“某邑某里某”是同样格式的陶文，这种整齐的样式，应该是官府对陶器制造业控制的一种表现。但是，笔者上面已经指出，很多陶文实质上已经变成了代代相传的商标。这是官府控制松弛的表现，所以相对秦国来说，齐国的这种控制应该是比较薄弱的。而相对三晋诸国来说，齐国对陶器制造的控制还是严格的。

在关中地区发现的秦陶文中，咸阳的私营制陶作坊生产的陶文与临淄陶文相比更加规则，秦陶文中最完整的格式是“咸亭某里某”。比如：

咸亭完里丹。

其他的咸阳陶文，都是这种格式的变化或者省略的形态，比如“咸黄里高”就是“咸阳市亭黄里高”的省略，“咸原少角”就是“咸阳市亭原里少角”之略。② 这种省略的陶文格式，在本质上和没有省略文字的陶文是一样的，都可以立刻确认生产者的地址和姓名。咸阳陶文中没有看到类似于商标或者

① 高明：《古陶文汇编》3.336、3.77、3.241，中华书局，1990年。

② 袁仲一：《秦代陶文》1387，三秦出版社，1987年。

商品宣传的现象，一些陶文虽有简化，但是陶文都格式完全，表明了官府控制比齐国严密。

在郑韩故城附近也发现了一些韩国陶文，大约总数由 140 余件。除了有一些“尹”、“仓”的官营作坊的陶文以外，私营作坊的陶文几乎都只有工匠的姓名，如“吕佗”、“王齿”、“吕穆”等，[①] 人名前并没有官府或者其他行政机关的名称，这表明了韩国的陶器手工业受官府的控制程度很低。这些出土文字资料可以与《左传·昭公十六年》中的一段记载相应证：

韩子买诸贾人，既成贾矣，商人曰：“必告君大夫。”韩子请诸子产曰：“……子产对曰：我先君桓公与商人皆出自周，庸次比耦以艾杀此地，……世有盟誓，以相信也。曰：“尔无我叛，我无强贾，毋或亡多匄夺，尔有利市宝贿，我勿与知。

从传世史料中我们也可以看到韩对商人给与了很高的自由，这段史料也告诉了我们韩国官府较少干涉商人的原因。

二、各地城市货币经济形态的差异

关于东周时期三晋地区城市货币经济的状况，江村治树先生曾经作过详细的研究，他指出，当时三晋地区稍微大一些的城市都有自己独立的铸币权，货币经济十分发达。[②] 在这里我

---

① 前引高明：《古陶文汇编》6. 67、6. 102、6. 99 等。

② 江村治树：《战国时代的都市及其统治》，《东洋史研究》第 48 卷第 2 号，1989 年。

们首先对比秦国和东方诸国的货币分布状况。

秦半两出土的整体分布情况，陈隆文曾经作过比较详细的研究，他认为半两钱主要集中分布在关中地区秦人的主要活动区里，关中以外的地区罕有发现，出土半两钱主要发现于秦国主要城市遗迹及其周围，① 关于三晋地区的货币，上引江村治树已经复原的十分清楚了，三晋地区的有关货币的出土资料遍及三晋各地，表明了三晋城市货币经济的普遍性。而据朱活的研究，齐国的货币流通区域也比较广大，与齐刀有关的货币遗迹大量发现于齐国的主要交通路线附近的区域，首先是今济南、东平陵、临淄、益都、牟平、荣成一线，这是横贯齐都的一条东西大道；其二是昌邑，掖县、招远、黄县一线，这是齐国在渤海沿岸的交通要道；其三是即墨、青岛、日照一线，这是当时齐国沿黄海及胶州湾的交通要道；其四是黄县、莱阳、即墨及青岛市北郊一线，这是齐国贯通半岛南北的重要交通线。②

秦、三晋、齐三地货币相关遗迹的分布表明，三晋地区的货币遗迹分布表明当地货币经济已经十分普及，大中城市大部分都使用货币并拥有自己的铸币权；齐国的货币经济也相当发达，但是货币遗物没有三晋地区分布的那样全面和普遍，主要沿交通要道呈网络状分布；而与这两个国家相比，秦国的货币主要流通于其经济比较发达的关中地区，离开这个中心地区，

① 陈隆文：《春秋战国时期金属铸币的空间特征与地理基础》，陕西师范大学博士论文，2004 年。

② 朱活：《古钱新探》，齐鲁书社，1984 年。

货币遗迹就相当稀少了。朱活、江村治树和陈隆文的研究为我们深入理解秦国城市的货币经济发展状况提供了重要的比较资料和背景资料。

根据出土文物、出土文字资料以及传世文献的记载，秦国的货币有数种，最为普遍的流通货币应该是半两钱，此外还有布，黄金也是货币的一种。除去作为货币的布以外，其他货币都曾经在秦国的城市遗迹及其附近中有所发现。

雍城遗址及其周围发现过两批半两，其中一批是在西关外发现的，共发现半两钱 28 枚，另一次是在今凤翔县南指挥乡高家河村发现的，共有一千余枚半两。另外，与雍城故城关系密切的高庄墓地中有 10 座墓随葬有半两钱。栎阳故城中也发现了少量的秦钱，在栎阳故城中部最重要的 4 号遗址内曾经发现了八块金饼，城中还发现了铸钱用的铜范。咸阳故城及其附近数次发现秦国的货币，秦咸阳宫遗址中曾经发现重达 25 公斤的半两钱，咸阳故城旁边的黄家沟墓地也发现过随葬的半两钱。总的来看，与三晋和齐国相比，秦国的城市遗址以及与城市有密切关系的遗址中发现的钱币不多。

秦国的中央政府机构制定了严密的法律控制秦国货币的发行。如“云梦秦简”中有《金布律》，其中有以下的法律条文：

百姓市用钱，美恶杂之，勿敢异。

布袤八尺，福（幅）广二尺五寸。布恶，其广袤不如式者，不行。

秦国的金属货币由政府机构负责铸造，形式统一，严禁私铸。“云梦秦简”《封诊式》中有以下法律条文：

某里士五（伍）甲、乙，缚男子丙、丁及新钱百十钱，容二合，曰："丙盗铸此钱，丁佐铸。甲、乙捕索其室而得此钱、容，来诣之。

这是一段关于盗铸货币的判例，"容"指钱范，在秦国盗铸货币是要被重罚的。不仅个人不能盗铸货币，在秦国，铸币权在中央。从迄今为止发现的秦半两铸造遗迹及遗物来看，秦国铸币作坊大多位于首都（咸阳故城遗址多有发现）、宫殿（如芷阳宫遗址，阿房宫遗址中就发现了铸币的遗迹遗物）、旧都（雍城故城北部），一些远征的军队也可以铸币（安徽贵池县和四川高县等地有所发现），① 地方行政机关没有铸币权。与三晋和齐国的金属货币相比，秦国货币上没有城市名称就是佐证。秦国的货币由中央的专门机构负责铸造，2002 年初，在秦都咸阳发现了制作铸钱铜范的陶范母，应该说到了秦后期，各地使用的大部分铸钱铜范，都是由中央机构用陶范母制造，然后再分发给各地的。② 总之，秦国货币的铸造或督造权掌握在中央，有专门的全国性法律规定货币的制造和流通方法，主要流通金属铸币只有一种半两钱，这些资料都表明了秦国中央政府对各地城市货币经济实施严密的控制。

与此相对照，东周时期东方各国的货币是十分复杂的，同时在东方各国之间，货币系统的复杂程度也很不相同。

---

① 蒋若是：《秦汉半两钱范断代研究》，《中国钱币》1989 年第 6 期。

② 姜宝莲等：《秦半两陶范母的发现与研究》，《陕西钱币论文集》，2002 年。

货币系统最为复杂的应该是三晋地区，从货币形式来看，这个地区通行的货币有圜钱，如“安臧”、“离石”等；有直刀，如“甘单”、“成白”等，当然，三晋地区流通的最主要的货币是布币，据统计，三晋地区有三十个以上的城市自己发行货币，可以说三晋地区的主要城市都有自己货币发行权。①

相对三晋而言，齐国和楚国的中央政府机构对货币的控制比较有力。但是，大城市有数以自己的货币发行权，这两个国家的货币形式虽然比较统一，但是很多币文上都有地方城市的名称。如齐的的标准货币文字为“齐之法化”，但是也有很多“齐返邦去（法）化（货）”、“节（即）墨之法化”等。楚国的金版，除了主要的打有“郢”字的金版外，还有称为“户金”、“少贞” 的。“即墨” 等都是齐楚两国的大城市的名称。

东方各国对于地方城市的货币铸造和发行，采取了比秦国更加自由的态度，而秦国的货币政策是十分严格的。这种严格的货币政策，是秦国国家经济政策的一环，秦国国家经济政策的中心就是“重农抑商”，因此在秦国城市中，主要的手工业生产都被官府所垄断，地方城市中的一些手工业甚至由中央的派出机构“都官”直接经营，高技术的手工业集中于首都，地方城市的工商业色彩被极大地人为地削弱了。除去首都以外，秦国的城市的经济独立性和工商业色彩比东方诸国要逊色很多。

还应该注意的是，迄今发现的秦国的金属货币半两钱的铸造，与东方各国相比十分粗恶，减重现象也比较严重。如果在

① 前引江村治树：《战国时代的都市及其统治》。

一般情况下，使用者会拒绝使用这种货币，或者由于使用这种货币引起物件狂涨。秦国以法律强制流通这些粗恶货币，但是并没有出现很大的社会问题。其原因是什么呢？笔者认为这是货币经济不发达的结果。上述陈隆文的研究证明，半两钱主要流通于关中地区，秦国的货币经济似乎没有渗透到关中地区以外。秦国货币经济不发达的情况也可以从出土文字资料中得到证明，如“云梦秦简”等出土文字资料中记载了很多缴纳罚金的记录，这些罚金并不是以货币缴纳的，罚金几乎都是用盾、甲等实物缴纳的。而东方诸国的罚金大概是用钱币缴纳的，如“张家山汉简”中记录了一条东周时期鲁国的法律：

盗一钱到廿，罚金一两。过廿到百，罚金二两。①

秦国用实物缴纳罚金的史实，暗示着秦国存在着根深蒂固的实物交换经济形态。据上引秦《金布律》，秦国使用实物布作为货币，这种作为货币的布“袤八尺，福（幅）广二尺伍寸”，这其实就是一种实物交换经济的残留。

将本节探讨的现象汇总一下，可以得到这样的表格：

	韩	齐	楚	秦
陶文形式	自由	比较统一	不明	统一
货币系统	繁杂	比较统一	比较统一	统一

① 张家山汉简释文小组：《江陵张家山汉简奏谳书释文（二）》，《文物》1995 年第 3 期。

由此可知，秦国的城市经济的特点可以归纳为：被政府高度控制，除了几个大型城市以外，城市货币经济不发达，因此可以说秦国城市的工商业色彩十分淡薄。而三晋地区的城市经济，正如江村治树所总结的那样，工商业具有高度自由，城市的工商业色彩十分浓厚。齐国和楚国的城市经济特点，大概介于两者之间。

在序章中，我们述及了关于东周城市是工商城市，还是农业城市的争论。从以上资料看，东周时期的城市，因各地区社会状况的不同，其经济属性也很不相同，不能一概用农业城市或者工商业城市来概括，而傅筑夫提出的中国古代城市大多是政治城市的论断，应该是正确的。

第三章　东周时期的城市居民

如前所述，城市最重要的特征是拥有大量的人口。东周时期的城市也不例外，比如东周时期齐国首都临淄就拥有众多居民。《晏子春秋·内篇杂下》记载道：

临淄三百闾，张袂成阴，挥汗成雨，比肩继踵而在。

《战国策》卷8《齐策一》也记载说：

临淄之中七万户，臣窃度之，下户三男子，三七二十一万，不待发于远县，而临淄之卒，固以二十一万矣。临淄甚富而实，其民无不吹竽、鼓瑟、击筑、弹琴、斗鸡、走犬、六博、蹋鞠者。临淄之途，车毂击，人肩摩，连衽成帷，举袂成幕，挥汗成雨，家敦而富，志高而扬。

可见战国临淄人口之多。东周时期城市人口的增加是前所未有的，由于学力和资料的限制，笔者不能全面地论述东周时期的城市人口问题，本章将在第一节中详细地分析移民与秦咸阳人口增加的关系，从一个侧面考察战国时期城市人口的构成问题。在本章的第二节中笔者将分析东周城

市居民的居住方式，以期得到一些对东周时期城市居民生活细部的认识。

第一节 秦国的城市与移民

秦国原来是一个地广人稀的地区，但是到了战国末期，人口增长很快，据一些学者研究，狭义的咸阳的人口大约有32万人，[①] 还有推算咸阳人口达50万的学者，另外一些学者认为应该更少一些。[②] 无论结论如何，在战国末期到秦始皇时期，咸阳地区的人口膨胀到了一个很大的数字。从考古资料来看，秦咸阳地区人口快速增加的原因，固然有商鞅变法后鼓励核心家族发展，鼓励生育的要素，但是咸阳人口增加的更重要原因是秦政府的大量移民。

《商君书·徕民》篇中记载了一个所谓的“反行两登之计”。这个“反行两登之计”的主要内容可以简单地归纳为：招徕三晋之民，给与田宅爵位，增加秦国人口，发展生产，而秦人则加入军队奔赴前线进行战斗，杀伤敌人，夺取土地。

众所周知，《商君书》是一本十分复杂的书。司马迁读过其中的《开塞》篇，《汉书》卷30《艺文志》把它分类在法家类书籍中，所以说这部书至少在汉代就已经成形了。清朝以后，除去关于《商君书》版本、校释方面的研究以外，关于

---

① 王学理：《秦都咸阳》，陕西人民出版社，1985年。

② 李虎：《秦都咸阳人口数量分类研究》，《咸阳师范学院学报》2003年第5期。

《商君书》真伪的论述渐多，以往多有全面否定《商君书》真实性的观点，而《徕民》被很多学者定为伪书。近二十年来，随着对该书研究的逐步深入，区别对待书中各篇的学者逐渐增多。

由于《徕民》中记载从内容上看十分重要，所以，虽然学者中有《徕民》持怀疑态度者，但是笔者认为还是应该对其进行更细致一些的分析。本节将利用文献资料和考古发现中的墓葬资料，对《徕民》篇中所说“反行两登之策”的真伪以及对《徕民》篇的性质做一次粗浅的考察。以期证实秦咸阳的人口由于大量移民进入而膨胀的史实。

需要说明的是：由于本节的中心内容是通过分析《徕民》和考古资料对秦咸阳的移民问题进行考察，所以对于相关的数量庞大的考古资料，文中并不作具体的分期和器物研究，而主要是利用先学们的研究成果，把重点放在有关移民的考古资料的整理耙梳方面，最后还要进一步延伸视野，看看外来移民在秦都咸阳地区是如何与秦民聚居杂处的。

一、对《徕民》篇的文献学考察

以往，学者们多是因为以下两个方面的原因，而对《徕民》篇的真实性产生怀疑：

首先，学者们从篇中记录的历史事件及名词方面进行了分析，进而认为该篇是伪书。《徕民》中有几处文字记录了明显不是商鞅时代的事件和名词，比如：“今三晋不胜秦四世”、“长平之胜”、有“孝公”和魏襄王等记载。基于此，学者们认定此篇“非出鞅手，明明显甚”。如胡适就据此认为《商君书》是假书，

全盘否定。① 而高亨等学者认为《徕民》是商鞅死后形成的作品，各篇写作时间不同。② 也就是说，这些学者否定《徕民》真实性的主要证据，是《徕民》中记载了商鞅时期以后的历史事件。

其次，很多学者还从秦国政治史，或者法家政治思想史的角度，对《商君书》以及《徕民》篇的真伪进行了辨析。比如蒋礼鸿《商君书锥指·叙》中说："今观其书，《徕民》一篇，时势多非商君时事，《史记》亦未言商君尝徕三晋之民。且篇中所言与全书重爵禄不轻施予之旨显然背戾，在廿四篇中最为不伦。唯其言制土分民之旨与《算地篇》同，斯乃习闻商君遗说者为秦画策，本其《农战》之说而变通之。纂《商君书》者因录其议，未为别白言之尔。"钱穆也认为本篇与商鞅的农战精神不符。③ 日本学者木村英一在其《法家思想的研究》第三章中说："（《徕民》）既不是商君自己的作品，也不是假托商君名义所写的文章"，他指出："（《徕民》的）作者自身是否以商君后学自居呢？这是很值得怀疑的"。④ 这些学者否定《徕民》的主要依据是：《徕民》中记载的一些政策与商鞅的奖励农战政策相抵触。这种否定与上述依据文字的否定

---

① 胡适：《中国哲学史大纲》，见《中国现代学术经典·胡适卷》247页，河北教育出版社，1996年。

② 参见高亨：《商君书注释》中《商君书作者考》等节，中华书局，1974年。

③ 钱穆：《先秦诸子系年》卷3《商鞅考》，商务印书馆，2001年。

④ 木村英一：《法家思想的研究》，大空社，1998年。

相比，否定的态度更为彻底，因为依据文字的否定只是否定了《徕民》是商鞅的作品，并没有否定《徕民》中可能反映战国末期秦国的情况。而从秦国政治史方面的否定，从某种角度来说，包含了否定《徕民》中有可能反映的战国末期秦国的状况的要素。所以，必须对这种论点进行分析和核实。

首先，这种观点的根基其实可以归结为，持有这种观点的学者认为秦国奖励农战的政策是一成不变的。这种观点无疑是不对的。秦国自孝公以来实行商鞅制定的奖励农战的政策，从商鞅到张仪、范雎，最后到秦始皇时期，虽然奖励军功和奖励耕织的政策主轴没有变，但是无论是统治思想还是政策的具体实行方法，都有过很多变化，一些文献资料证明，和《徕民》所载内容有密切关系的昭王时期就曾经对商鞅的农战政策进行了一定的修正。

关于此，文献方面的证据有两个，其一是《史记》卷73《白起王翦列传》中昭王四十七年条的记载："秦（昭）王闻赵食道绝，王自之河内，赐民爵各一级，发年十五以上悉诣长平"，这次普遍的赐爵是在长平战役前，这些人当然还并没有杀敌立功，却被赐予爵一级，这种做法和商鞅的奖励军功农耕的爵制是不同的，反映出了秦国奖励耕战政策具体内容的变化和变通。《徕民》篇中的记载确实和商鞅时期的政策不相符合，如果用此篇来说明商鞅时期的爵制，当然有不对的地方。但是上述史料证明，秦国的奖励耕战政策是不断变化的，那么就不能因为《徕民》中记载了与商鞅制定的早期的农战思想相抵触的一部分内容，就否定该篇记录了一些战国后期秦国的真实状况。

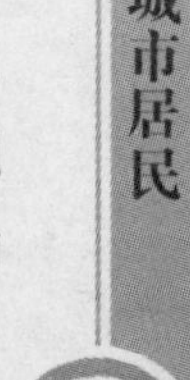

其二，从时代背景来看，在长平之战中，赵国损失军队达45万人，秦国军队也损失了大约一半兵员。林剑鸣根据文献中的记载进行过统计，指出从孝公时期到秦统一的一百余年中，秦国共杀死六国人口130余万，平均每年将近十万人，没有被记录的还不知有多少，特别是在秦昭王时期，先后发动了许多次战争，共歼灭各国军队达数十万人①，中国有句俗话说："杀敌一千，自损八百"，像长平这种恶战，秦国军队的损失一定会比平常的战争更大，不然秦昭王也不会自己亲自去河内募兵了。

当时充当战争急先锋的大多是精壮的中青年，在秦国的农战体制中，他们战时是在第一线战斗的军人，平日是农业生产的主力。战争中消耗如此巨大的精壮人口，已经超过了当时人口自然增长的弥补能力，如果没有移民的话，秦国的精壮人口应该处于持续减少的状态。

其三，上述《白起王翦列传》的史料还说明：昭王时期，秦人大概就把三晋地区占领地的居民纳入了秦国直接使用的人力资源储备之中。据《史记》卷5《秦本纪》记载，河内地区是于昭王二十一年被司马错占领的，这里成为秦国土地后仅仅二十余年，秦王就亲自来到这里，给这里所有居民赐爵一级，这固然是长平之战处于关键时刻的紧急举措，但是据此我们可以知道这里已经被纳入了秦国的爵制秩序之中。换言之，就是在长平之战前后，秦国统治者是积极地使用"三晋之民"的。

长平之战后秦国精壮人口锐减，这是昭王末期秦国统治者面临的一个巨大的难题，上述文献中秦人利用三晋人民为秦国

---

① 林剑鸣：《秦史稿》，上海人民出版社，1981年。

服务，是解决人力资源不足问题的有效的做法。所以《徕民》中招徕三晋之民进行农业生产，而让秦民在外战斗的建议，可能是为了解决解决人力资源不足这个问题而提出的。可惜，文献中可以佐证这种想法的资料不多，我们不得不求助于考古资料来进行考证。

二、从考古资料看战国晚期以来秦国的移民

那么，从战国晚期的秦国考古资料中有没有三晋移民进入秦国进行生产活动的印记呢？答案是肯定的。

据统计，在西安和咸阳地区迄今为止共发掘了3000余座秦墓。近几年考古工作者先后出版了《任家嘴秦墓》、《塔儿坡秦墓》、《西安南郊秦墓》等大型考古发掘报告，公开的资料比较丰富。

韩伟、叶小燕、陈平、滕铭予等先学曾经对关中秦墓的分期过详细的研究，他们对战国时期秦墓的分期有所不同，本文主要利用滕铭予的分期进行叙述。如上所述，《徕民》中有“自魏襄以来”等语，记录了长平之战，这篇文章可能涉及的是战国晚期秦国的人口政策，所以笔者在本文中主要利用滕铭予所说的第九期（战国晚期到秦代）的考古资料与文献进行比对考证。

据先学们的研究，春秋时期秦墓的特征是这样的：头向基本朝西，仅有少量朝北或朝南的墓葬。葬式以屈肢葬为主，有少量直肢葬。墓型多为土坑竖穴墓，有不少竖穴墓口大底小。墓葬中的日用陶器主要有鬲、盆（盂）、喇叭口罐。到了战国早期，头向、葬式、墓葬形制基本上与春秋晚期相同。青铜礼

器极端衰落，釜的数量有所增加。到了战国中期，头向、葬式、墓葬形制基本上与战国早期相同，陶釜数量增加，出现了蚕形壶。到了战国晚期，在头向、墓葬形制和葬式方面都出现了很大的变化。头向给人十分杂乱的印象，直肢葬的墓葬大量增加，虽然还存在着土坑竖穴墓，但是洞室墓开始大量流行。仿铜陶礼器中出现了大量的中原列国式的器物。

那么，在秦墓中该如何甄别外来移民的墓葬呢？关于这一点《塔儿坡秦墓》和《西安南郊秦墓》这两个发掘报告的编写者给我们了很多值得借鉴的经验，滕铭予的《秦文化：从封国到帝国的考古学观察》中进行了很多有益的分析，这些研究都是我们进行甄别的基础。

西安和咸阳地区的秦墓，属于战国晚期以前的秦人墓葬的文化要素是比较单纯的。据任家嘴墓地的资料，春秋中晚期居住在任家嘴的居民，应该和关中西部的秦人有密切的文化联系，甚至可以考虑他们就是从关中西部迁徙而来的。属于春秋中期的任家嘴 M86 的墓葬形制为口大底小的土圹墓，墓型和同期的关中西部秦人墓葬相同：葬式为屈肢葬，头向朝西，这也和关中西部秦人的埋葬习俗相同，该墓出土的 Aa 型陶有耳壶，方形圆角奢口，长方颈，扁腹，高喇叭圈足，耳部高出壶口，兽面形耳。和凤翔八旗屯 BM11 中发现的有耳壶酷似。另外一个春秋中期墓 M123 中发现的圆折腹的盂与宝鸡西泉 M2 中的盂相同。①

---

① 咸阳市文物考古研究所：《任家嘴秦墓》，科学出版社，2005 年。

在春秋中期，不仅是居住在今咸阳地区的秦人与关中西部秦人关系密切，在渭河南岸居住的秦人也与关中西部有很密切的文化关系。西安南郊光华胶鞋厂墓地，是一处从春秋中期就开始被使用的秦人墓地，其中属于春秋晚期的 M75，无论从墓葬形式、葬式都与雍城附近发现的同时期秦墓类似，该墓随葬品的器物组合、型式乃至仿铜陶礼器上的彩绘纹饰都与凤翔高庄 M12 的陶器有十分类似的地方。①

到了春秋晚期至春秋战国之交，西安和咸阳地区发现的秦墓资料和以前一样，仍然表现出与关中西部地区秦人的密切关系。例如：任家嘴二期墓葬中，随葬仿铜陶礼器的墓葬，墓形仍然是竖穴土圹墓，葬式几乎全都是头向朝西的屈肢葬，这些都和关中西部凤翔高庄、八旗屯等地发现的同时期秦人墓葬一致。战国早期的情况与此基本相似。

总之，在战国早期以前，在今咸阳和西安地区生活的秦人的文化面貌是比较单纯的，从墓葬形制来看，无论渭水南岸还是渭水北岸的墓葬，都使用了竖坑土圹墓，墓的形制也十分相似，埋葬方式基本上都是屈肢葬，头向朝西。随葬品的器物组合和形制也都很雷同。无论是葬式还是随葬品，都和雍城一带发现的同时期秦墓相似。两者之间的文化关系不言而喻。

战国晚期以后，在今西安和咸阳地区发现的该时期的墓葬的状况出现了十分明显的变化。首先，很多墓地被埋葬者的头向出现了混乱的状况。无论是在宝鸡地区凤翔高庄、八旗屯等

---

① 西安文物保护考古研究所编著：《西安南郊秦墓》，第一编，陕西人民出版社，2004 年。

地发现的战国晚期以前的秦人墓葬，还是在今西安和咸阳地区发现的战国晚期以前的秦人墓葬，绝大部分被葬者的头向都是朝西的。比如任家嘴墓地，据发掘报告，整个墓地墓葬方向朝北或朝东有35座，朝东南或南方的有8座，朝西南或西的有132座，朝西北或北的有132座。① 具体来看：任家嘴秦墓第一期共发现5座墓葬，除一座头向不明，剩下4座头向都朝西；任家嘴二期共发现葬式明确的墓葬28座，中间只有5座头向朝北，剩下的墓葬头向均朝西；任家嘴三期发现葬式明确的墓葬58座，仅有5座头向朝北，剩下的均西向；任家嘴四期、五期的状况也是相似的。在西安咸阳地区的另外几个秦人墓地中，发现有战国中期以前墓葬的墓地还有光华胶鞋厂墓地，在该墓地第三期（战国中期）墓葬中，被葬者的头向基本都朝西。② 除此以外，长安客省庄发现的战国早期和中期的秦墓，被葬者的头向也大部分朝西。

战国晚期以后这种情况发生了变化。在被认为是传统秦人墓地的任家嘴墓地的被葬者基本上保持了传统的风俗，朝西埋葬。但是在塔儿坡墓地中，头向朝西的墓葬有271座，朝北的有66座，朝南的有14座，朝东的有21座，③ 其比例明显不同于战国中期以前的墓葬。光华胶鞋厂墓地中，头向朝西的墓葬有52座，朝北的有14座，潘家庄世家星城墓地共62座秦墓，头向朝东者7

---

① 上引咸阳市文物考古研究所《任家嘴秦墓》，第三节。

② 上引《西安南郊秦墓》，第一编。

③ 咸阳市文物考古研究所：《塔儿坡秦墓》第二章第三节，三秦出版社，1998年。

座，朝西或西北及北者41座，其中朝北的有13座，这两个墓地大多数墓葬都属于战国晚期。所以滕铭予在总结战国晚期秦墓的头向特点时，认为这个时期的头向已经没有一定的规律了。①

在秦国周围地区的战国时期的墓葬中，以中州路、陕县后川墓地为典型的河南一带的墓葬中，被葬者的头向以向北者最多，占绝大多数。在以长治分水岭墓地为代表的山西一带，除了以北向为主以外，还有一些残留的东向墓葬。② 也许可以认为秦咸阳地区出现很多头向朝北的埋葬习俗，与三晋地区有很大的关系。

其次，战国晚期本地区秦墓中的随葬品，从形式和器物组合都有所变化，有了外来文化，特别是三晋两周地区的要素。比如光华胶鞋厂墓地第5期B类墓葬的器物组合分为两组，第一组是鼎、罐或鼎、壶、罐的组合，第二组为鼎、盒、壶的组合，第二组是三晋两周式的器物组合，显然是受到外来文化的影响形成的。

这些墓地中日用陶器墓中的随葬器物有三种组合：鬲、盂；釜、盂；釜、盒、壶。其中以第一种组合为多。③ 我们还可以再看看战国晚期到秦统一这个阶段本墓地出鼎、盒、壶陶礼器墓葬的构造，比如M86出土鼎、盒、壶，其墓型为Ad型，是竖穴土圹墓，这是一种秦人传统的墓型，被葬者头向朝西，使用了秦人特有的屈肢葬。出土此类器物组合的直线洞室

---

① 滕铭予：《秦文化：从封国到帝国的考古学观察》，40页，学苑出版社，2002年。

② 宋玲平：《晋系墓葬制度研究》，科学出版社，2007年。

③ 上引《西安南郊秦墓》，第143页。

墓有 M85，头向等不明；M90，头向朝西；M102，仰身直肢葬，头向朝西；M108，头像朝东；M111，头向朝北。光华胶鞋厂中使用鼎、盒、壶陶礼器随葬的墓葬的主人的头向不同，表现出这些被葬者的文化渊源有可能是不同的。在流行洞室墓的战国晚期至秦统一时期，仍然恪守使用竖穴土圹墓、屈肢葬、头向朝西的 M86，应该是秦人的墓葬，至于此墓中使用了鼎、盒、壶的器物组合，应该是因为这些东西已经成了社会上流行的随葬品（这些陶器上发现了“千”、“咸”、“杜市”等字样，这些陶文都是市场管理的标志，说明这些都是从市场上买来的商品，而非自己制造的），秦人也开始接受这种流行。另外几座头向朝北的墓葬，也许就是从三晋两周地区迁徙来的移民或其子孙。

关于塔儿坡墓地，从器物组合看既有以釜、壶、盆为中心的组合，同时也有典型的三晋两周式的鼎、盒、壶器物组合，呈现出纷杂的状况。滕铭予对于这种状况曾经进行过分析，她认为这表明塔儿坡墓地墓主人生前所属的群体，其构成可能是比较复杂的，很可能是一个包含了不同人群的集合体。滕铭予先生同时指出：C 类墓使用的器物组合多为秦文化墓葬中规范的器物组合，采用釜、壶、盆组合的墓葬有不少，葬式使用屈肢葬，较多的人继承了秦文化的传统，所以他们很可能原来就是属于秦文化的人群，同时 C 类墓中还有一定的三晋两周式的随葬品，也许或者他们之中的一些人来自三晋两周地区。①

① 上引滕铭予：《秦文化：从封国到帝国的考古学观察》，第 145 页。

通过滕先生的上述分析我们可以推测，塔儿坡秦墓所代表的人群大概是一个以继承秦人文化为主的人群，和与三晋两周地区文化有密切关系的一些人共同构成的。从墓葬的形式、头向和日用陶器来看，大概这个人群中秦文化更为主流一些。也就是说，有可能这个两种人群构成的共同体中，秦人要更多一些。

再比如：潘家庄墓地的墓葬在墓葬形制上，主要是直肢葬，秦人特有的屈肢葬很少。随葬器物为鼎、盒、蒜头壶组合的达40座，还出土了“南阳赵氏十斗”。这个有“南阳赵氏十斗”字样的陶器，其陶文格式不符合咸阳陶文的一般格式，应该不是秦国本地人制造的，文中的“南阳”应该是南阳郡（今河南南阳市）这说明了这座墓葬的主人与三晋地区的密切关系。潘家庄墓地的葬式和塔儿坡等地有很大的不同，以直肢葬为主，鼎、盒、壶器物组合比塔儿坡墓地更普遍，我们上边曾经引用先学们的结论，即：直肢葬和鼎、盒、壶的组合属于三晋地区本期墓葬的特点，从具有这种特点的墓葬占上风的状况来看，可以推测在潘家庄墓地被葬者所在的人群中，秦人相对少一些，而与三晋两周地区有关的人更多一些。

总而言之，从墓葬资料中的头向数据和器物组合特征中可以看出，在战国晚期的秦国首都咸阳附近，出现了大量的与三晋两周地区有关的人群，他们或许是来自这个地区的人们的子孙，或许就是来自这个地区的移民。从墓葬资料来看，《徕民》中招徕三晋人民的建议，似乎的确是被秦国的统治者所接受，并在战国末期切实地实行了。

《徕民》中除了建议招徕三晋之民以外，还建议由秦人专任军事之事，三晋之民耕于内，秦人战于外，是《徕民》“反

登两利之计”的左右两翼。关于秦人战于外的文献记载有很多，这里就不赘述了。关于秦人在外执行战争任务和占领任务的考古资料也有不少，兹略述于下：

比如，在山西侯马乔村墓地就曾经发现过37座围沟墓和很多使用日用陶器随葬的屈肢葬墓葬，无论是围沟墓还是屈肢葬墓中的随葬品，都有很浓郁的秦国特征，比如围沟墓中多陪葬秦式的釜、盂、罐和茧形壶，屈肢葬墓中的茧形壶等也属于秦文化的器物。围沟墓在关中地区发现过不少，屈肢葬更是秦人墓葬的一个特点。这些墓葬始于战国中期偏晚，一直延续到秦统一以后。① 而在秦人于公元前322年（惠文王更元三年）占领这里之前，这里是魏国的领土。此外在河南省三门峡地区也发现过不少秦人墓葬，比如在上村岭共发掘了75座秦墓，有竖坑土圹墓和洞室墓两种，竖坑土圹墓被葬者头向多朝西，洞室墓的被葬者头向比较多样。这些墓葬大多随葬品很少，随葬品有釜、盆、甑、壶等。原报告认为这个墓地可以分为早晚两期，早期大概相当于战国晚期，也有人认为这个墓地的早期要晚到秦统一前后。② 上世纪50年代在郑州岗杜发现的墓葬中，也有属于战国晚期的秦人墓葬，关于这一问题，叶小燕作

---

① 俞伟超：《方形周沟墓与秦文化的关系》，《中国历史博物馆馆刊》1993年第2期。山西省考古研究所侯马工作站编：《晋都新田》（下编），山西人民出版社，1996年。上引滕铭予《秦文化：从封国到帝国的考古观察》。

② 黄士斌：《上村岭秦墓和汉墓》，《中原文物》1981年特刊。刘曙光：《三门峡上村岭秦人墓的初步研究》，《中原文物》1985年第4期。

过研究。[①] 另外在洛阳孙旗屯、洛宁县寻峪乡故县村等地也发现了战国末期的秦人墓葬[②]。除了在三晋两周地区以外，在江汉地区的云梦等地，也发现了不少属于战国晚期的秦人的墓葬，一些墓葬中发现了可以判断墓葬的绝对年代的文字资料，其墓主大都是和军事有关的秦人，[③] 另外在四川地区也发现了不少秦人墓葬。这些墓葬应该都是移民到新占领地区的秦人墓，他们或直接或间接都应该担负着占领任务。秦人离开关中地区所造成的人口空白，应该也是由移民来填充的。

日本学者好并隆司先生认为，《徕民》是一个上奏文的抄录，其中的"臣"在这个上奏中和持传统商鞅学说思想的"王吏"发生了对立。这个意见是很中肯的。[④]

关于这种对立发生的背景，我们上文已经简单地说过：昭王时期，特别是长平战后，秦人发动了很多次对外战争，一方面占领了大量的领土，必须有军队驻扎巩固，同时秦国的人口，特别是精壮人口也发生了很大的消耗，出现了人口不足的现象，这种人口不足无法由人口的自然增长来弥补。如何解决这个矛盾成为秦政府的当务之急。同时，秦国统治者的对待六国的战略思想也发生了变化，以前是占一点土地就可以满足，到了昭王后期已经变为范雎提倡的"不独攻其地而攻其人"

① 叶小燕：《秦墓初探》，《考古》1982 年第 1 期。

② 河南省文物研究所编：《河南考古四十年》，河南人民出版社，1994 年。

③ 湖北省博物馆：《1978 年云梦秦汉墓发掘报告》，《考古学报》1986 年第 4 期。

④ 好並隆司：《商君书研究》第五章，溪水社，1992 年。

的政策，具体地说，就是通过战争和其他手段，消减敌国人口，最后将敌国灭亡。《徕民》就是在“攻其人”大政策下，“臣”提出的一个实现该政策的具体方法：在杀伤敌人的同时，招徕敌国人民，减少其人口，增加本国的人口。

通过对《徕民》的文献分析和上述考古资料中三晋文化要素增加的状况来看，《徕民》中所提议的引入三晋移民的建议被秦国统治者采用了。当然，大概秦国统治者在实行这个建议的时候，对其作了一定的调整，上引史料中赐河内民爵各一级的史实，还有西安和咸阳地区秦墓的分布及当地的秦人墓葬在礼制规格上基本相同的状况来看，秦人招徕三晋移民，大概是给与了一定的爵位的，至于有没有给与“复三年”的优待，还有待于其他资料的论证和新史料的出现。

根据秦墓资料还可以初步对秦国安置三晋移民的政策进行简单的推测：比如，在像任家嘴这样的离都城核心区域比较近的传统的秦人聚落的墓地中，没有发现明显的三晋移民进入的痕迹，同样是位于渭水北岸的塔尔坡聚落的墓地，其居民的主体是秦人，同时也有一定的三晋移民，至于位于渭水南岸的光华胶鞋厂等地，外来文化要素明显，已经无法确认秦人是否是居民的主体了，从渭水南岸的潘家庄墓地的情况来看，很可能这里是一个以移民为中心的地方。这种现象是否暗示我们秦国统治者当时的移民政策中有这样一个内容：在离首都核心地区比较近的地方，移民比较少，居民以秦人为主。在渭水北岸离首都核心地区稍远的地区，居民仍然是以秦人为主，但是同时也安置了一些移民。在渭水以南的地区，安置了较多的移民。希望新的考古发现能对此问题提供更翔实的资料，来验证笔者的这个推测。

应该说类似于“反行两登之策”的招徕移民的政策的实施，对秦国城市的发展产生过巨大的影响，在连年战争人口大量消耗的情况下，秦国借此保持了强盛的国力和军事力量。不能想象，没有充足的生产人口和兵员，秦国能维持如此的富强并最后实现了统一全国的壮举。

第二节　东周时期城市居民的居住方式

居住在东周城市中的大量居民生活方式是怎样的呢？他们的基本生活单位的规模及形态、住宅形态、相互的社会关系又是怎样的呢？由于史料的限制，很多问题我们已经无法探知了。笔者在本节中将以城市居民的居住方式为中心内容展开探讨，从一个侧面复原东周时期城市居民的生活。

探讨东周时期城市居民的生活方式时，“家”是一个必须进行分析的要素。“家”是中国古代史中十分重要的概念，关于中国古代的“家”的讨论，早在20世纪30年代之前就已经开始了，20世纪50年代以后相关研究蓬勃发展，除了国内学者发表了大量研究外，日本学者也对此问题尤其感兴趣，作为其主要的研究成果，有日本学者牧野巽的《中国家族制度研究》、宇都宫清吉《汉代社会经济史研究》、守屋美都雄的《中国古代的家族和国家》、尾形勇的《中国古代的“家”与国家》、古贺登的《汉长安城与阡陌·县乡亭里制度》、佐竹靖彦的《中国古代的家族和家族性秩序》、《秦国的家族与商鞅的分异令》、堀敏一的《中国古代的家和集落》等，最近有小寺敦的《先前家族关系史料的新研究》也涉及到不少与本

文有关内容①。确实如同佐竹靖彦所指出的那样，日本学者关于中国古代家庭和家族形态的研究几乎都集中于汉代，但是这些研究几乎无一例外地以不同形式涉及了东周时期的家庭形态。

简单地说，日本的大部分学者认为：从春秋时期开始，中国古代的家庭规模逐渐缩小，到了战国时期以后，五口之家成为最典型的中等规模的家庭。至于家庭的内部构造，日本学者间有很多不同的意见。宇都宫提出了“三族制家族”（即三世同堂扩大家族）是家庭结构的主流的说法，守屋美都雄反对这种看法，认为小家庭（核心家庭）是战国到汉代的典型家庭形态。直接论及东周时期家庭形态的学者中间有小家族论、小宗制（所谓“兄弟集团制”）以及韩国学者尹再硕主张的三代扩大家族论的争论。② 由于“日书”、“里耶秦简”等的出

---

① 牧野巽：《中国家族制度研究》，生活社，1944 年。宇都宫清吉：《汉代社会经济史研究》，弘文堂，1955 年。守屋美都雄：《中国古代的家族和国家》，东洋史研究会，1968 年。尾形勇：《中国古代的“家”与国家》，岩波书店，1979 年。古贺登：《汉长安城与阡陌·县乡亭里制度》，雄山阁，1975 年。佐竹靖彦：《中国古代的家族和家族性秩序》，《人文学报·东京都立大学人文学部纪要》1980 年；《秦国的家族与商鞅的分异令》，《史林》63 卷 1 号，1980 年。堀敏一：《中国古代的家和集落》，汲古书院，1996 年。小寺敦：《先秦家族关系史料的新研究》，汲古书院，2008 年。

② 主张小宗制的研究有越智重明的《汉代的户与家》，《龙谷史学》65，1969 年。主张“三族家族论”的有尹在硕的《睡虎地秦简〈日书〉所见〈室〉的结构与战国末期的家族类型》，《中国史研究》，1995 年第 3 期。

土资料的发现，利用这些资料研究家庭的成果层出不穷，这些都是本节研究的基础。

一、春秋时期城市居民“聚氏而居”的居住方式

从笔者关注的城市居民生活方式的角度来看，关于东周时期家庭形态的研究中，还有一些薄弱的地方，比如关于东周时期家庭的研究大部分都集中在战国时期，关于春秋时期的研究较少。

很多学者指出春秋时期到战国时期，是扩大家庭的居住方式解体和核心家庭居住方式普及的时期。那么春秋时期的城市居民，到底是怎样居住的呢。从文献史料和出土文物史料来看，春秋时期的城市居民，基本上采用了“聚氏而居”的居住方式。

从迄今为止的考古发现可知，中国新石器时代的聚落中，人们采用了以氏族为单位的居住方式，冈村秀典分析了半坡遗址中的 F6、F10、F11 以及宝鸡北首岭遗址中的几个房屋遗迹，认为他们同时存在，并且有着同样的构造和朝向，这些房屋的居住者之间，应该有更加密切的血缘关系，这种两三栋中型房屋中的居民，构成了仰韶文化聚落中基层的社会单位。①从姜寨遗迹中住宅的平面分布可知，大概 20 栋左右的住宅共同构成一个群体，姜寨聚落中共有 5 个这样的群体，每个群体基本上都拥有一栋大房子，作为群体的公共场所。而聚落中部的广场，是全聚落人员聚会的地方。到了殷周时期，虽然聚落

① 冈村秀典：《仰韶文化的集落構造》，《史渊》182，1991 年。也可参见该文的中文节译《仰韶文化的聚落结构》，《考古与文物》2001 年 6 期。

以及城市发展很快，但是其中的居民们依旧不能采用以独立的核心家庭为基本单位的居住方式。① 东周时期的城市居民的居住方式，就是从这样的居住方式演变而来的。

氏与家有密切的关系。如果说上古时期的姓是表示相同血缘相同祖先的标志的话，那么氏就是另外一种标志，它不但表示了一定的血缘关系，而且还表示了一种地缘的关系。②加藤常贤也认为氏应该定义为“领土性的氏族制”，徐观复认为姓是“血统的符号”，氏是“国土的符号”，③ 也就是说“氏”是居住在同一地区的同姓之人。可见氏与居住有紧密的关系。

春秋时期城市居民的居住方式是从西周时期发展而来的。在西周时期，诸侯将土地作为封地分封给自己的子孙或功臣时都会进行“赐氏”和“命氏”的仪式，然后将一定的人民（包括国人和奴隶）分给他们。这些人与被赐予的国人一起奔赴领地，建立新的城池，并在新城中建立自己的家园。这样被分封的领主就会在其姓中建立出一个新的氏。也就是说，西周时期同一氏的人们一般都居住在同一地区甚至是同一城市中。④

---

① 参见许倬云：《西周史》第5章第3节，三联书店，1994年。

② 前引尾形勇：《中国古代的“家”与国家》。

③ 加藤常贤：《中国古代家族制度研究》，岩波书店，1940年。徐复观：《两汉思想史》，华东师范大学出版社，2001年。

④ 分封立氏和建立新城的详细情况，可以参见上引许倬云《西周史》第5章，这里就不赘引了。

这种现象在时代进入春秋时期以后也没有太大的变化。下面这些记载都表明春秋时期的城市居民是以“氏族”为单位居住的：

(庆封) 奔吴，吴句余予之朱方，聚其族焉而居之。(《左传·襄公二十八年》)

晋文公重耳伐曹，虏共公以归，令军毋入阴鳌负羁之宗族里。(《史记》卷35《管蔡世家》)

另外很多春秋时期的地名也让我们可以看到当时聚族而居的事实：

周氏之衢（昭公二年）

士孙之里（襄公二十五年）

孟氏之衢（哀公二十一年）

崔氏之门外（襄公二十五年）

华臣氏之门（襄公十七年）

这些城市中的大街、闾里都是使用“氏”来命名的。不仅传世文献中有，出土文献中也有类似的记载，如：

高闾□里曰藏

高闾□里曰绛①

① 原陶文使用了古文异体字，为了印刷方便这里做了隶定。陶文资料见高明《古陶文汇编》3. 422、3. 419，中华书局，1990 年。详细的考证这里就不赘述了，可以参见张学海《田齐六陵考》，《文物》1984 年第 9 期和王国维《观堂集林》18 中的《王子婴次炉跋》。

陶文中的“高”，就是七国贵族“高氏”，高闾在齐临淄城内，是贵族公子高的子孙高氏居住的闾。①

根据以上记载，我们可以得出以下的结论：

（1）在春秋时期“氏”大约是城市居民居住的基本单位。

（2）根据“崔氏之门外”、“华臣氏之门”等记载可知，“氏”所居住的地区外有墙。氏人从大门出入居住区，围墙内有大道，所以史料中有类似“孟氏之衢”的记录。

（3）根据“丰卷奔晋，子产请其田、里”（《左传·襄公二十五年》）、上引“晋文公重耳伐曹，虏共公以归，令军毋入釐负羁之宗族里”等记载，很多里中大约只收容一个氏族。

二、“聚氏而居”居住方式的消亡

这种“聚氏而居”的现象，由于春秋时期的政治改革逐渐发生变化。《国语·齐语》中有这样的关于居住方式的资料：

管子对曰：“昔者，圣王之治天下也，参其国而伍其鄙，定民之居，成民之事，陵为之终，而慎用其六柄焉。”桓公曰：“成民之事若何？”管子曰：“四民者，勿使杂处，杂处则其言哤，其事易。”公曰：“处士、农、工、商若何？”管子对曰：“昔圣王之处士也，使就闲燕；处工，就官府。处商，就市井；处农，就田野。令夫士，群萃而州处，闲燕则父与父言义，子与子言孝，其事君者言敬，其幼者言弟。少而习焉，其心安焉，不见异物而迁焉。是故其父兄之教不肃而成，其子弟

① 参见孙敬明：《齐国陶文分期刍议》，《古文字研究》第19辑。

之学不劳而能。夫是，故士之恒为士。令夫工，群萃而州处，审其四时，辨其功苦，权节其用，论比协材，旦暮从事，施于四方，以饬其子弟，相语以事，相示以巧，相陈以功。少而习焉，其心安焉，不见异物而迁焉。是故其父兄之教不肃而成，其子弟之学不劳而能。夫是，故工之子恒为工。令夫商，群萃而州处，察其四时，而监其乡之资，以知其市之贾，负、任、担、荷，服牛、轺马，以周四方，以其所有，易其所无，市贱鬻贵，旦暮从事于此，以饬其子弟，相语以利，相示以赖，相陈以知贾。少而习焉，其心安焉，不见异物而迁焉。是故其父兄之教不肃而成，其子弟之学不劳而能。夫是，故商之子恒为商。"

在这里管子提出了一种非血缘型的居住方式，也就是说这种居住方式是根据职业划分的地缘性的居住方式。类似的记载还可以在《管子·小匡》等文献中看到，有一些学者对此提出了疑义，认为这是稷下先生们的理论而非史实。① 其实大致类似于这段记载的居住方式是存在的。临淄陶文中有不少关于"陶里"的记载，可见陶器生产是被集中在这些里中进行的。也许具体的状况要比上述文献更加复杂，但是因职业分区居住的事实是存在的。

由于管子的这种改革，过去以氏族为单位的城市居民的基本居住方式被打破了，同一里中开始居住不同姓氏的人们。属于战国早期的临淄陶文中有如下记载：

① 臧知非：《齐国行政制度初探》，《文史哲》1995 年第 4 期。

获阳陶里王□□

获阳陶里陈□

获阳陶里辛□□①

从这些陶文可知，在这个陶里中居住的陶工，有的是王氏，有的是陈氏，有的是辛氏，呈现出地缘性的居住方式，原来“居氏而居”的古老居住方式消失了。

到了战国时期，城市居民的基本居住单位是核心家庭。但是当时东方诸国和秦国的家庭的不同，秦国的城市居民的居住方式呈现出自己的特点。

由于生产技术的发展，到了战国时期核心家族已经完全可以独立地生存了。加之各地统治者为了增加税收的人口，鼓励核心家庭独立生活，传统的“聚氏而居”的形式被彻底破坏了。② 如上所述，对战国时期的人们是以核心家庭为单位居住，还是以三代同住为特征的扩大家庭居住，学者们有着不同的意见。笔者以为学者间的这种分歧，在某种意义上说来源于家庭构造的地域性差别。笔者以为，在战国时期这两种居住方式都是存在的，只不过在秦文化圈以核心家庭为单位居住的占大多数，而在东方诸国，有不少家庭是三代同居，或者是兄弟同居的扩大家庭。下面将史料中与战国时期的家庭形态有关的史料分成甲组和乙组，让我们看看两者有何不同：

---

① 前引高明《古陶文汇编》3.170、3.173、3.624。为了印刷方便，笔者进行了相应的隶定。

② 关于当时核心家庭开始独立，从事小型经营的分析，参见前引堀敏一的《中国古代的家和聚落》。

甲组

(1) 五亩之宅，树之以桑，五十者可以衣帛矣。鸡豚狗彘之畜，无失其时，七十者可以食肉矣。百亩之田，勿夺其时，八口之家可以无饥矣。(《孟子·梁惠王上》)

(2) 王如施仁政于民，省刑罚，薄税敛，深耕易耨，壮者以暇日修其孝悌忠信，入以事其父兄，出以事其长上，……彼夺其民时，使不得耕耨以养其父母。父母冻饿，兄弟妻子离散。(《孟子·梁惠王上》)

(3) 苏秦说李兑曰："洛阳乘轩里苏秦，家贫亲老，无罢车驽马。"(《战国策·赵策一》苏秦说李兑)

(4) (苏秦) 出游数岁，大困而归。兄弟嫂妹妻妾窃皆笑之。(《史记》卷69《苏秦列传》)

甲组史料都是关于东方六国的，特别是 (1) 和 (2)，是论述战国时期家庭时经常被使用的资料，类似于 (1) 的史料还有几条。根据这些史料，在当时的中原地区"八口之家"是比较常见的，根据《孟子》记述，八口之家中有父母兄弟妻子，应该是三代同居的扩大家庭。关于苏秦的两条史料也说明苏秦是和父母妻子兄嫂住在一起的。

乙组

(一) 民有二男以上不分异者，倍其赋。(《史记》卷68《商君列传》)

(二) 令民父子兄弟同室内息者为禁。(《史记》卷68《商君列传》)

(三) 某乡爰书，以某县丞某书，封有鞫者某里士五

(伍) 甲家室、妻、子、臣妾、衣器、畜产。甲室，人，一宇二内，各有户，内室皆瓦盖，木大具，门桑十木。妻曰某，亡，不会封。子大女子某，未有夫。子小男子某，高六尺五寸。臣某，妾小女子某，牡犬一。①

(四) 惊敢大心问衷，……惊多问新负（妇）、婉皆得无恙也。新负（妇）勉力视瞻两老。②

(五) 商君遗礼仪，弃仁恩，……故秦人家富子壮则出分，家贫子壮，则出赘。③

对于史料（一）和史料（二），学者间的意见并不统一。对此是牧野巽这样解释的："商鞅在秦国下达变法令的时候，最初对有两个以上成年儿子却不分家的家庭征收双倍的租税，以鼓励分家。后来政治改革逐渐成功，从雍迁都咸阳，接着就下令，……禁止父子兄弟同室内息"。牧野将史料中的"二男"解释为"兄弟二人"。西嶋定生则认为："在商鞅变法以后，不仅兄弟同居被禁止，连父子的同居也被禁止了"。稻叶一郎认为如果在经济上有富余，也可以一家中有两位男子同居。④

从乙组史料看，秦国既有核心家庭，也有扩大家庭。但

---

① 睡虎地秦简整理小组：《睡虎地秦墓竹简》，文物出版社，1990年。

② 湖北孝感地区第二期亦工亦农文物考古训练班：《湖北云梦睡虎地十一座秦墓发掘简报》，《文物》1976年第9期。

③ 见《汉书》卷48《贾谊传》。

④ 稻叶一郎：《战国秦的家族与商鞅的分异令》，林巳奈夫编《战国时代出土文物的研究》，京都大学人文研究所，1985年。

是，秦简中记录的秦国家庭史料中以核心家庭为多。从秦国的法律资料看，核心家庭是秦国法律所规定的标准家庭形式。应该说稻叶一郎的观点更接近史实。

三、东周时期城市中的少数民族

在东周时期，不只是边疆地区，即使在中原的一些地区也居住着不少少数民族的居民，比如今山东地区的殷人和莱人、秦国的义渠、三晋地区的诸狄。他们在文化上和当时的主要民族——周人系统的民族有不同之处。在这里我们姑且称之为东周时期的少数民族。这些少数民族中有一部分也居住在城市之中。史料中说：

> 始用人于亳社。(《左传·昭公十年》)
>
> 阳虎又盟公及三桓于周社，盟国人于亳社。

这些史料中的“亳社”是鲁国首都曲阜中的亳人之社，也就是周初分配给鲁国的“殷民六族”之社。从上述记载看，鲁都曲阜中既居住有周人，也居住有殷民。从考古资料可以约略看到当时鲁都曲阜两族的分区居住的状况。据考古资料，望父台附近的墓地都是乙组墓葬，而县城东北角、药圃、斗鸡台的墓地都是甲组墓。甲组墓中都有腰坑，头向大部分都朝北，乙组墓应该是周人的墓葬。① 在曲阜故城中，两种墓葬截然分区而葬，很少有混杂的现象。从中国古代“视死如生”的传

---

① 山东省文物考古研究所、山东省博物馆、济宁地区文物组、曲阜县文管所合编：《曲阜鲁国故城》，齐鲁书社，1982 年。

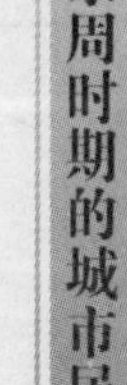

统，可以推测在曲阜故城中殷人和周人是分区而居的。据张学海的研究，曲阜故城中，连接南垣和北垣的西门的大路西侧居住着殷人，东侧居住着周人。

临淄陶文中有以下的文例：

□门□稄□左里□亳豆。

□□陈□左里亳豆。

王孙陈稄立事岁左里亳□。

平门内□□左里亳□①。

这些陶文中的“亳”应该是殷人的自称。② 据笔者统计，临淄陶文中发现带有“亳”字的陶文将近有 23 件，其中 19 例“左里”、1 例“安邑”、2 例“右轨”、1 例“右廪”。“轨”和“廪”与当时的官营制陶业有关，关于“安邑”，第二章已经说过就是“安平邑”，这则陶文中关于里的部分被省略掉了。所以，除了这一例以外，所有与私营制陶有关的“亳”器，都与“左里”有关，根据这个现象我们可以推断：齐都临淄城中，殷人也许统一地被分配在“左里”居住。

---

① 均引自前引高明《古陶文汇编》3。

② 关于这里的“亳”字的解释尚有不同的意见，有人认为“亳”并非指殷，但是没有进行具体的论证。

第四章　汉长安城与中国古代都城制度的确立

本章的目的，在于通过对汉长安城规划的变迁与西汉社会思想的流变进行对比，探讨古代城市构造与社会思想的相互作用关系。

汉长安城的研究历史可以上溯到东汉时期，张衡的《西京赋》、班固的《西都赋》虽然是文学作品，但是其中记录了很多关于汉长安城城市规划的内容。成书于南北朝时期的《三辅黄图》是古代研究汉长安城的重要著作，宋代以后的《关中志》、《关中胜迹图录》等书也收罗记载了一些与汉长安城有关的史料，并对汉长安城的复原做了一些工作。

著名建筑史学家刘敦桢在很早就关注汉长安城的规划，并依据史料进行了复原研究。① 20 世纪初，足立喜六来陕西执教，工作之余游历关中各地古迹，最后著成《长安史迹之研究》一书，书中有“汉长安城”、“汉代的陵墓”等章节，记录了当时残留的遗迹，特别是其中的图像资料和测量数据弥足

---

① 刘敦桢:《汉长安城与未央宫》,《中国营造学社会刊》第 3 卷第 3 期，1932 年。

珍贵。① 陶希圣开创“食货学派”，很早就开始关注中国古代社会经济史，在他的著作中论述了西汉长安的市场以及城市经济的发展状况。那波利贞从20世纪30年代开始对中国古代城市展开研究，汉长安城也是其研究对象之一。20世纪50年代以后，随着汉长安城考古工作的展开，相关研究有了长足的进步，王仲殊等人开始依据考古学资料对汉长安城展开研究，其成果最后汇聚于《汉代考古学概说》的有关章节之中。② 佐藤武敏于1971年出版了《长安》一书，对汉唐长安的城市构造、经济、居民、城市文化等方面做了详细的论述，这大概是第一部以汉长安为主要内容之一的城市史研究专著。③ 武伯纶等在20世纪70年代末也出版了介绍西汉长安的书籍。而古贺登的《汉长安城与阡陌·县乡亭里制度》一书，应该是最早出版的以汉长安为论题的研究专著，在国内，刘运勇的《西汉长安》也许是以汉长安为题的最早的专著，上述王仲殊的《汉代考古学概说》中，总结了当时汉长安城考古发掘的主要资料，提出了《考工记》与汉长安城构造的关系问题，是汉长安城研究史中十分重要的著作。刘庆柱的《长安史话》是80年代关于汉长安的专著中最值得参考的专著之一。20世纪90年代以后关于汉长安城研究的数量大增，如刘庆柱《古代

---

① 足立喜六：《长安史迹之研究》，原书由东洋文库出版于1933年，商务印书馆于1935年翻译出版了中文译本，名为《长安史迹考》。日本鸟影社于2006年重版此书。国内的三秦出版社也于2003年再版了王双怀重译的《长安史迹考》。

② 王仲殊：《汉代考古学概说》，中华书局，1984年。

③ 佐藤武敏：《长安》，近藤出版社，1971年。

帝陵与都城的考古学研究》，杨宽的《中国古代都城制度史研究》，刘庆柱、李毓芳《汉长安城》、周长山《汉代城市研究》、张继海《汉代城市社会》、佐原康夫的《汉代都市机构之研究》、姜波《汉唐都城礼治建筑研究》等，都是在这个时期中出现的。① 此外，关于汉长安城研究的论文更多，我们将在下面的论证过程中引用这些与本文有关的论文。

第一节　汉长安的发展过程

一、定都长安

公元前202年刘邦即皇帝位于泗水之阳，建立了汉王朝，并很快移居洛阳。由于刘邦的部下多为关东人，加之洛阳又“居天下之中”，刘邦欲做仁天子，使天下贡赋道里均衡，便定都洛阳。《汉书》卷1下《高祖纪》说“帝乃西都洛阳。夏五月，兵皆罢归家。”

这时齐人娄敬拉着车子，穿着破烂的羊裘，“戍陇西，过洛阳”，他听说了这个消息，通过同乡虞将军见到了刘邦，并提出了定都关中的主张。《史记》卷99《刘敬叔孙通列传》中记载曰：

---

① 刘庆柱：《古代帝陵与都城的考古学研究》，科学出版社，2000年。杨宽：《中国古代都城制度史研究》，上海古籍出版社，1993年。刘庆柱、李毓芳：《汉长安城》，文物出版社，2003年。周长山：《汉代城市研究》，人民出版社，2001年。张继海：《汉代城市社会》，社会科学文献出版社，2006年。佐原康夫的《汉代都市机构之研究》，汲古书院，2003年。姜波：《汉唐都城礼治建筑研究》，文物出版社，2003年。

娄敬说曰："陛下都洛阳，岂欲与周室比隆哉?"上曰："然。"娄敬曰："陛下取天下与周室异。周之先自后稷，尧封之邰，积德累善十有余世。公刘避桀居豳。太王以狄伐故，去豳，杖马棰居岐，国人争随之。

及文王为西伯，断虞芮之讼，始受命，吕望、伯夷自海滨来归之。武王伐纣，不期而会孟津之上八百诸侯，皆曰纣可伐矣，遂灭殷。成王即位，周公之属傅相焉，乃营成周洛邑，以此为天下之中也，诸侯四方纳贡职，道里均矣，有德则易以王，无德则易以亡。凡居此者，欲令周务以德致人，不欲依阻险，令后世骄奢以虐民也。及周之盛时，天下和洽，四夷乡风，慕义怀德，附离而并事天子，不屯一卒，不战一士，八夷大国之民莫不宾服，效其贡职。及周之衰也，分而为两，天下莫朝，周不能制也。非其德薄也，而形势弱也。今陛下起丰沛，收卒三千人，以之径往而卷蜀汉，定三秦，与项羽战荥阳，争成皋之口，大战七十，小战四十，使天下之民肝脑涂地，父子暴骨中野，不可胜数，哭泣之声未绝，伤痍者未起，而欲比隆于成康之时，臣窃以为不侔也。

且夫秦地被山带河，四塞以为固，卒然有急，百万之卒可具也。因秦之故，资甚美膏腴之地，此所谓天府者也。陛下入关而都之，山东虽乱，秦之故地可全而有也。夫与人斗，不搤其亢，拊其背，未能全其胜也。今陛下入关而都，案秦之故地，此亦搤天下之亢而拊其背也。"

其实这时刘邦虽然已经决定定都洛阳，但是心中对于这个既成事实还十分犹疑不定。在听到娄敬的建议后，刘邦不顾这是身份低贱的戍卒的建议，立刻将娄敬的意见告诉群臣。几乎所有的大臣都反对娄敬的意见。很多学者认为这是因为刘邦集团基本上是由关东地区出身的将领构成的，所以他们不愿意远离家乡去关中建立新都。[①] 但是，史料中是这样记录的：

> 高帝问群臣，群臣皆山东人，争言周王数百年，秦二世而亡，不如都周。[②]

这条史料如果仅仅解释为群臣不愿意远离家乡，所以支持在洛阳建都的话，就过于简单了。这种解释忽视了西汉建国时最高统治者对于统治理念的思考。在当时最高统治者及其助手们对于如何统治刚刚建立的汉帝国，还有着很多不同的想法。恢复周制，建立分封，实施“仁政”和王者之道，在当时是一种十分有力的意见。这种意见影响了刘邦及其周围的大臣，所以刘邦想要在“诸侯四方纳贡职，道里均矣”的洛阳建立都城，应该是受到了这种社会思潮的影响。群臣建议在洛阳建都，并不仅仅是因为洛阳离家乡较近。他们用来反对娄敬的理由是“周王数百年，秦二世而亡，不如都周”。这是一种政治理由，即使其中有家乡观念的成分，但是从深层心理来看，发生于秦地的统治理念是违背他们这些“山东人”的传统的，所以很难接受，于是群臣才会用这种理由否定娄敬的观点。因此可以认为西汉建立之初的这种争论，从更深层的角度看，其

① 参见前引周长山《汉代城市研究》第四章。

② 《史记》卷99《刘敬叔孙通列传》。

实是一种如何确定新帝国的统治理念的争论，即：使用王道治国，还是使用霸道治国。去关中定都，就是要利用秦地“被山带河，四塞以为固，卒然有急，百万之卒可具”的形势压制反对势力，统治全国。而定都洛阳，就必须实施“务以德致人”的统治理念，以德服人，获得全国的统治权。

在西汉建立之初，刘邦身边有很多人打算用这种周人的统治理念展开对新帝国的统治，比如郦其食就是其中一人。《史记》卷55《留侯世家》说：

汉三年，项羽急围汉王荥阳，汉王恐忧，与郦食其谋桡楚权。食其曰：“昔汤伐桀，封其后于杞。武王伐纣，封其后于宋。今秦失德弃义，侵伐诸侯社稷，灭六国之后，使无立锥之地。陛下诚能复立六国后世，毕已受印，此其君臣百姓必皆戴陛下之德，莫不乡风慕义，愿为臣妾。德义已行，陛下南乡称霸，楚必敛衽而朝。”汉王曰：“善。趣刻印，先生因行佩之矣。”

同时刘邦身边也有反对这种统治理念的人，张良就是其代表。早期的张良大概也曾经有过恢复六国的理想，但自从韩侯被项羽杀害于彭城，作为韩相的张良逃归汉王以后，他就完全放弃了周人的统治理念。所以，在郦其食欲重建六国时，张良强烈反对，指出：

（汉王）其以郦生语告，曰：“于子房何如?”良曰：“谁为陛下画此计者？陛下事去矣。”汉王曰：“何哉?”张良对曰：“臣请藉前箸为大王筹之。”曰：“昔者汤伐桀而封其后于杞者，度能制桀之死命也。今陛下能制项籍之死命乎?”曰：

"未能也。""其不可一也。武王伐纣封其后于宋者，度能得纣之头也。今陛下能得项籍之头乎?"曰："未能也。""其不可二也。武王入殷，表商容之闾，释箕子之拘，封比干之墓。今陛下能封圣人之墓，表贤者之闾，式智者之门乎?"曰："未能也。""其不可三也。发钜桥之粟，散鹿台之钱，以赐贫穷。今陛下能散府库以赐贫穷乎?"曰："未能也。""其不可四矣。殷事已毕，偃革为轩，倒置干戈，覆以虎皮，以示天下不复用兵。今陛下能偃武行文，不复用兵乎?"曰："未能也。""其不可五矣。休马华山之阳，示以无所为。今陛下能休马无所用乎?"曰："未能也。""其不可六矣。放牛桃林之阴，以示不复输积。今陛下能放牛不复输积乎?"曰："未能也。""其不可七矣。且天下游士离其亲戚，弃坟墓，去故旧，从陛下游者，徒欲日夜望咫尺之地。今复六国，立韩、魏、燕、赵、齐、楚之后，天下游士各归事其主，从其亲戚，反其故旧坟墓，陛下与谁取天下乎?其不可八矣。且夫楚唯无强，六国立者复桡而从之，陛下焉得而臣之?诚用客之谋，陛下事去矣。"汉王辍食吐哺，骂曰："竖儒，几败而公事!"令趣销印。

在建都之事上，张良以完全前后一致的态度，主要从霸道的角度劝说刘邦建都关中。《史记》卷55《留侯世家》曰：

留侯曰："雒阳虽有此固，其中小，不过数百里，田地薄，四面受敌，此非用武之国也。夫关中左殽函，右陇蜀，沃野千里，南有巴蜀之饶，北有胡苑之利，阻三面而守，独以一面东制诸侯。诸侯安定，河渭漕挽天下，西给京师；诸侯有

变，顺流而下，足以委输。此所谓金城千里，天府之国也，刘敬说是也。”

刘邦听了张良的意见立刻下定了定都关中的决心，而且是“即日车驾西都关中”。这是高祖五年，也就是公元前202年5月的事情。

为什么刘邦能“即日”就去关中呢？从史料记载看，刘邦其实早有意于关中，只不过是在关中和洛阳间犹疑不决而已。《史记》卷53《萧相国世家》记载说：

汉二年，汉王与诸侯击楚，何守关中，侍太子，治栎阳。为法令约束，立宗庙社稷宫室县邑，辄奏上，可，许以从事；即不及奏上，辄以便宜施行，上来以闻。

从这条记载下面开始记录汉三年的历史这种状况来看，这条记载中的事件都是发生在汉二年的事情。那么我们可以知道，汉二年的时候，萧何就开始在做为汉王之都的栎阳修建宗庙社稷等设施了，特别重要的是，作为政权接班人的太子和政权第二号人物的萧何也居住在这里，而且刘邦也会经常访问这里。

刘邦放弃洛阳进入关中，最初在秦的旧都栎阳居住下来，[①] 丞相以下的一些官员也居住在那里。考古工作者在栎阳故城中部发现了建筑遗址Ⅰ，规模宏大，也许和刘邦居栎阳有关。直到两年后的高祖七年（前200年）二月，长乐宫修缮完毕后，刘邦一行才搬到长乐宫居住。[②]

---

① 《史记》卷8《高祖本纪》引《三辅黄图》。

② 《史记》卷8《高祖本纪》。

上述事实说明，西汉时期的都城，在考虑定都地点的时候就受到了当时主要的社会思潮的影响。在刘邦集团中存在着两派不同的意见，一派是以“山东群臣”为主的派别，主张继承周人的传统，定都洛阳。另一派是以萧何、张良等人为代表的一派，主张定都关中，这一派的人早在汉二年就已经在栎阳修建宗庙社稷之类的设施了。而刘邦与娄敬的相会，以及在接受张良的意见后“即日车驾西都关中”，说明刘邦从此逐渐摆脱了“王道”派统治理念的影响，开始筹划一个既不同于周，也不同于秦的统治模式。

二、长乐宫与未央宫的修缮和建设

刘邦在汉五年（前 202 年）五月进入关中的时候，秦咸阳已经被破坏殆尽了。据《史记》卷 7《项羽本纪》：

> 项羽引兵西屠咸阳，杀秦降王子婴，烧秦宫室，火三月不灭。收其货宝妇女而东。人或说项王曰：“关中阻山河四塞，地肥饶，可都以霸。”项王见秦宫皆以烧残破，又心怀思欲东归，曰：“富贵不归故乡，如衣绣夜行，谁知之者。”

可知秦咸阳主要的建筑是在项羽时期被破坏的。当时位于秦都咸阳长安乡的兴乐宫受到的破坏比较小，据《雍录》卷 2《长安宫及城》曰：

> 长安者也，因其县有长安乡而取之以名也，地有秦兴乐宫，高祖改修而居之，即长乐宫。

所以萧何选择秦兴乐宫附近作为新都的地址。都城选址的过程

史书中没有记载，在刘邦入居栎阳一年后的高祖六年（前201年），才将新都命名为长安。大概当时在选择都城具体地址的时候还是费了一些周折。长安城的地名，应该是因为高祖始居位于长安乡的长乐宫，长安这个名称寓意又十分吉祥，所以用作首都的名称。据《汉书》卷1下《高祖纪下》：

（高祖五年）后九月，徙诸侯子关中。治长乐宫。

高祖八年，开始由萧何督建未央宫，具体负责修建宫殿的是原秦的工匠阳城延，《史记》卷8《高祖本纪》记载说：

萧丞相营作未央宫，立东阙、北阙、前殿、武库、太仓。高祖还，见宫阙壮甚，怒，谓萧何曰："天下匈匈苦战数岁，成败未可知，是何治宫室过度也?"萧何曰："天下方未定，故可因遂就宫室。且夫天子四海为家，非壮丽无以重威，且无令后世有以加也。"高祖乃说。

而《汉书》卷1《高祖纪》却说：

（高祖七年）二月，至长安。萧何治未央宫，立东阙、北阙、前殿、武库、大仓。上见其壮丽，甚怒。

这样的话，萧何建设未央宫就是高祖七年之事了。到了高祖九年，未央宫主要建筑终于完成了，高祖刘邦和群臣在前店饮酒祝贺。据《史记》卷8《高祖本纪》记录，在高祖十年的时候，"淮南王黥布、梁王彭越、燕王卢绾、荆王刘贾、楚王刘交、齐王刘肥、长沙王吴芮皆来朝长乐宫。"高祖十二年去世时也是在长乐宫，所以高祖高后以前长安城政治的中心仍然在长乐宫。

秦咸阳
兴乐宫
B.C202年前后的长安附近
新城
长乐宫
未央宫
武库
汉高祖时期的长安附近
新城
长乐宫
未央宫
汉惠帝时期的长安附近
渭城
长乐宫
建章宫
未央宫
汉武帝时期的长安附近
京城
长乐宫
未央宫
新莽时期的长安附近
南郊礼制建筑
图五 汉长安城的演变

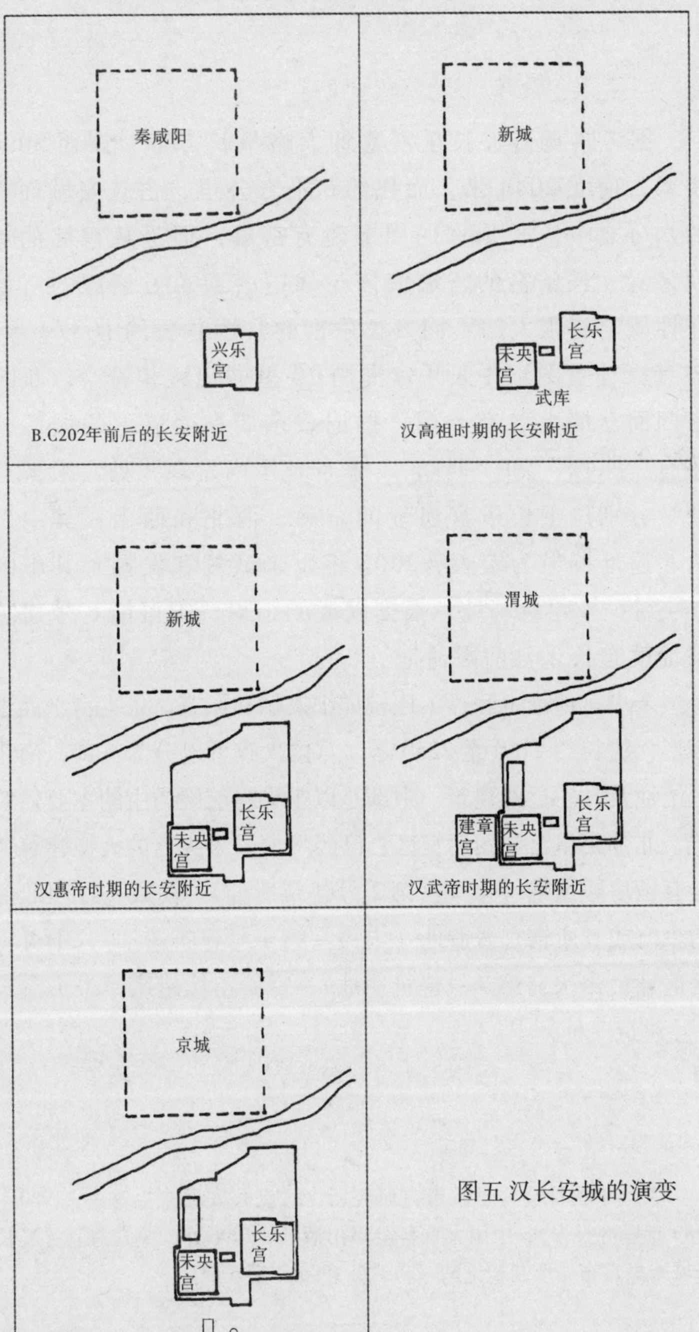

据考古调查，长乐宫遗址大略呈长方形，东西3000余米，南北2044米，面积约6平方公里，占长安城面积的六分之一。长乐宫的周围建有宫墙，但是从宫墙的规模来看，长乐宫的宫墙应该与战国时期东方诸国的宫城在性质上有很大的不同。长乐宫的宫墙总长约10370米，与《三辅黄图》中长乐宫周围20里的记载相符合。长乐宫四面宫墙上各有一门。据记载东墙和西墙上的城门外还有“东阙”和“西阙”。遗址范围内发现三处宫殿群遗址，分别位于长乐宫遗址的东南、西北和西南，其中以西北遗址群最为宏大，2005年以来试掘和发掘了其中的1号到6号建筑基址，根据发掘的结果，很可能6号建筑基址就是长乐宫前殿遗址。

未央宫遗址也经过了比较详细发掘和调查。未央宫平面近方形，边长约2150至2250米。宫内大致可以分为三部，南边是沧池及其附近的建筑，中部是以未央宫前殿为主的主要建筑群，北部是皇宫中的后宫区。已经发掘的未央宫的大型建筑遗址有椒房殿遗址（未央宫第2号建筑遗址）、前殿基址西北部的少府或其所辖官署遗址（未央宫第4号建筑遗址）、中央官署遗址（未央宫第3号建筑遗址）、宫城角楼建筑（未央宫第5号建筑遗址）。①

---

① 中国社会科学院考古研究所：《汉长安城未央宫——1980－1989年发掘报告》，中国大百科全书出版社，1996年。刘庆柱：《汉长安城未央宫布局形制初论》，《考古》1996年第6期。

三、建设长安城墙

汉长安城的城墙，是到了吕后时期才修建的。据《史记》卷9《吕太后本纪》：

三年，方筑长安城，四年就半，五年、六年城就。

据该条史料的《索隐》：

《汉宫阙疏》：“四年筑东面，五年筑北面。”《汉旧仪》：“城方六十三里，经纬各十二里。”

但是据《史记》卷12《汉兴以来将相名臣年表》：

孝惠元年，始作长安城西北方。

孝惠三年，初作长安城。

史籍中的记载，有相互矛盾的部分，这些史料有很多学者都已经注意到了。[①] 另外《史记》卷53《萧相国世家》中有一条史料，学者很少述及：

汉十一年，陈豨反，高祖自将，至邯郸。未罢，淮阴侯谋反关中，吕后用萧何计，诛淮阴侯，语在淮阴事中。上已闻淮阴侯诛，使使拜丞相何为相国，益封五千户，令卒五百人一都尉为相国卫。诸君皆贺，召平独吊。召平者，故秦东陵侯。秦破，为布衣，贫，种瓜于长安城东，瓜美，故世俗谓之“东

---

① 前引佐藤武敏《长安》，马先醒《汉代长安城的营建及其形制》，周常山《汉代城市研究》第四章。

陵瓜”，从召平以为名也。

而据《三辅黄图》卷1《都城十二门》条，召平居住在霸城门外。召平向萧何献策是高祖十一年，也就是公元196年的事情，史料中却留下了“长安城”三个字。这条记载是司马迁记录的，他活跃的时期离汉城安城的建设时期不远，应该对长安城的城墙建设过程有比较清晰的认识，所以也许在汉惠帝三年初作长安城之前，汉长安的建设者们已经开始在长安的东部地区修筑了一些城墙。看样子长安城的城墙建设过程，要比《汉书·惠帝纪》中记载的情况更要复杂些。也许在此前高祖令各个县城修建城墙时，长安也修筑了一些城墙。

汉长安城的四面城墙上各有三个城门，其中直城门遗址的发掘情况已经公布了。①

四、市场的建立

据《史记》卷22《汉兴以来将相名臣年表》，高祖六年在建设新都长安的同时建设了“大市”。惠帝六年建立了西市。后来又逐渐出现了孝里市、柳市、交门市、直市、杜市、太学市等。佐原康夫对长安的市场进行了详细的研究，他认为史书记载的长安九市分别是西市（建于惠帝六年）、东市、位于杜门大道附近之市（建设于宣帝时期或者以后）、孝里市、交门市、直市、交道亭市（建设于武帝时期）、细柳仓市（或许建立于汉初）和太学市（建设于元始四年）。他的这种认识是很

---

① 中国社会科学院考古研究所汉长安城工作队：《西安汉长安城直城门遗址2008年发掘简报》，《考古》2009年第5期。

值得参考的。①

五、祭祀设施的建设

在高祖、高后时期，汉长安的祭祀设施很少，有太上皇庙，据考古勘探应该在清明门内长乐宫东北。另有高庙，在安门大街东，长乐宫西南。还有惠帝之庙，在高庙后方。从上引《史记·萧相国世家》可知，在栎阳时期，萧何曾经修建过社稷，汉长安初期有官社而无官稷，据考古调查，官社在王莽九庙墙外西南方，建设于西汉初期。② 至于祭天设施，则基本上是继承了秦人的传统。《史记》卷28《封禅书》曰：

(高祖) 二年，东击项籍而还入关，问："故秦时上帝祠何帝也?"对曰："四帝，有白、青、黄、赤帝之祠。"高祖曰："吾闻天有五帝，而有四，何也?"莫知其说。于是高祖曰："吾知之矣，乃待我而具五也。"乃立黑帝祠，命曰北畤。有司进祠，上不亲往。悉召故秦祝官，复置太祝、太宰，如其故仪礼。因令县为公社。

刘邦在汉二年设立了代表黑帝的北畤。其位置在雍，这个北畤和雍原有的四个畤被称为雍五畤。是汉初最重要的祭祀场所之一。但是史料中看不到高祖和惠帝去各畤祭祀的记载，特别是北畤，史料明确记载高祖不亲自前往祭祀。

文帝十分重视祭天活动，据《汉书》卷25《郊祀志上》：

---

① 佐原康夫：《汉代都市机构之研究》，汲古书院，2002年。

② 《中国大百科全书》考古学卷第126页。

夏四月，文帝始幸雍，郊见五畤。

但是过了不久，文帝听从赵人新垣平的意见，在长安东北设立了五帝祠，这就是所谓的渭阳五帝祠。渭阳五帝祠在渭水之阳，当然应该是在渭水北面，据《史记·封禅书》：

五帝庙南临渭，北穿蒲池沟水。

而根据史籍记载，文帝是在渭水南岸的灞渭之会亲拜五帝的，这也是十分有趣的现象。后来文帝又在长门设立了五帝坛来祭祀五帝。这样，虽然汉代祭天的场所虽然仍然在都城之外，但是毕竟祭祀场所迁移到所谓“大长安”地区内。文帝的这一番举动对后世的祭天活动有很重要的意义，因为文帝把原来分散的五帝集中到一起祭祀，而且改变了此前祭天场所远离都城的秦人遗风。其实这是汉长安城脱离“秦制”的最初的举动。

武帝时期还出现了泰畤，是祭祀太一，也就是天的地方。这个时期天的概念由五个变为一个，也就是太一。关于太一祭祀，王柏中等学者已经做过论述①。简单地说，武帝在元鼎五年一月立泰畤于甘泉，并亲往祭祀（《汉书》卷6）。以后到汉元帝为止，皇帝一般会在春正月行幸泰畤，位于甘泉的太一一直是西汉王朝最重要的祭天场所，这种状况一直到成帝改变祭天方式时才告结束。

---

① 王柏中：《神灵世界秩序的构建与仪式的象征》，54页，民族出版社，2005年。

六、宫殿的扩大

如前所述，高祖时期建设了长乐宫、未央宫。从文献中还可以看到这时已经有了北宫。文帝、景帝比较简约，没有兴建大型的宫殿。武帝时期是西汉宫殿建设的高潮，不仅城内增加了桂宫和明光宫等宫殿，还在城外建设了建章宫，改变了汉城安城的整体规划。

据史料记载，汉武帝太初元年（前 104 年）未央宫柏梁台发生火灾。这时粤巫勇提出了建设新宫殿的建议。据《汉书》卷 25 下《郊祀志下》：

勇之乃曰：粤俗有火灾，复起屋，必以大，用胜服。于是作建章宫，度为千门万户。

其实好大喜功的武帝早已想建设新宫了。由于长安城内已经没有足够的空地，于是建章宫建设于城外上林苑的旧地中，与未央宫隔长安西垣相望。据《三辅黄图》卷 2《汉宫》：

帝于未央宫营造日广，以城中为小，乃于宫西跨城池作飞阁，通建章宫。

《三辅黄图》卷 2 又引《三辅旧事》：

建章宫周迴三十里。

建章宫“度比未央”，汉武帝时期的很多重要的政治活动都是在这里进行的，直到昭帝时期，西汉政治的中心才迁回未央宫。王莽时期将建章宫拆毁，用其建筑材料建设了长安城南

郊的礼制建筑。

考古工作者已经对建章宫遗址进行了一定的发掘和调查工作，发掘了建章宫1号建筑遗址。桂宫的主要建筑遗址也经过中日联合考古队的发掘，并公布了主要的成果。①

七、南北郊礼制设施的建设

元、成之时，经过儒学成为汉朝统治者的正统统治理念。《史记》卷23《礼书》云：

至于高祖，光有四海，叔孙通颇有增益减损，大抵皆袭秦故。

这种秦礼为蓝本加以变通创造出的礼制和董仲舒之后的礼制有很多的不同。到了西汉后期，已经有很多人认为汉长安城的规划与礼制不符。于是出现了成帝时期的南北郊争论。成帝时期祭天场所的变化，是中国城市史上的一件大事。成帝于公元前32年（建始元年）在长安城南郊和北郊分别建立了天地祭坛，于是，原来存在的甘泉太一、汾阴后土、雍五畤等地的祭祀都被废止了。但是由于朝廷内部的斗争，这时南北郊制度并没有安定下来，“三十余年间，天地之祠五徙焉”（《汉书·郊祀志下》）。

到了王莽时期，又对长安城的规划作出改动，在南郊建立了明堂、辟雍、宗庙、社稷等礼制建筑。这些礼制性建筑在

---

① 中国社会科学院考古研究所、日本奈良国立文化财研究所编：《汉长安城桂宫》，文物出版社，2007年。

20 世纪 50 年代已经得到发掘及调查。礼制建筑最东端的也许是“辟雍”，这组建筑包括中心建筑、围墙、配房和圜形的水沟。辟雍西北有所谓的“王莽九庙”。对于这些礼制建筑的性质，学者之间还有不同的意见。

从上述各种资料综合地看，我们可以认为汉长安城的发展有以下几个重要的关键点：首先是高祖时期，定都长安，建立长安城最基本的城市设施——宫殿等。其次是吕后和惠帝时期，这个时期主要是建立了长安城周围的城墙，另外这个时期还开始修建长安的卫星城市——陵邑。第三个关键点是文帝时期，这个时期开始修建一些都城祭祀设施，对高祖、惠帝时期的长安城的规划间接地提出了疑问。第三个时期是武帝时期，这个时期主要是建设了建章宫等设施，儒学思想开始对长安城的规划发生影响。第四个时期是西汉末年到王莽时期，这个时期统治者开始使用儒家学说对长安城进行改造。

第二节　汉长安城规划的变迁与西汉时期的社会思想

在很长一段时间中，相当多的学者认为汉长安城的规划来自《考工记》，其内容为：“匠人营国，方九里，旁三门，国中九经九纬，经涂九轨，左祖右社，面朝后市，市朝一夫”。① 这种观点应该是学界的主流观点。另外，杨宽提出了

---

① 参见王仲殊：《汉代考古学概说》，中华书局，1984 年。中国社会科学院考古研究所：《新中国的考古发现与研究》，文物出版社，1985 年。

汉长安城坐西朝东说,① 刘庆柱对这种意见提出了商榷,② 除了这两种学说之外，日本学者古贺登提出了汉长安城是按照阡陌制度规划出来的学说,③ 呼应这种学说的中外学者比较少。另外，有不少日本学者提出了“汉长安城自然形成说”，持有这种意见的学者有那波利贞、佐藤武敏、池田雄一等。他们认为，汉长安城并没有事前的整体规划，而是在自然成长起来的城市周围建立了外郭，所以长安城的布局是不规整型的。④

笔者认为，在西汉200年间，汉长安城的规划发生过几次重要的变动。这种变动与汉代社会思想以及统治者的统治理念的变动有关。下面试述其详。

一、早期的汉长安城没有采用《考工记》模式，而是主要依据“象天法地”的“秦制”都城规划传统为主，并参考六国都城的规划建设的。

笔者认为有下列理由可以证明初期的汉长安城没有采用《考工记》模式：首先，文献记载明言汉长安城没有采用“周

---

① 杨宽:《西汉长安城布局结构的探讨》,《文博》1984年创刊号;《西汉长安城布局结构的再探讨》,《考古》1989年第4期。

② 刘庆柱:《汉长安城布局结构辨析——与杨宽先生商榷》,《考古》1987年第9期;《再论汉长安城布局结构及其相关问题——答杨宽先生》,《考古》1997年第7期。

③ 古贺登:《汉长安城与阡陌·县乡亭里制度》,雄山阁,1985年。

④ 见那波利贞:《中国都邑的城郭及其起源》,《石林》10卷2号。池田雄一:《咸阳城和汉长安城——围绕汉长安城建设过程的思考》,《中央大学文学部纪要（史学科)》20。前引佐藤武敏《长安》。

制”，而主要采用了“秦制”。

张衡《西京赋》曰：

取殊裁于八都，岂启度于往旧。乃览秦制，跨周法，狭百堵之侧陋，增九筵之迫胁。正紫宫于未央，表峣阙于阊阖。

其李善注曰：

裁，制也。八都，犹八方也。启，开也。言采取八方异制，以为宫室之巧，非复尊往日之故法也。跨，越也。因秦制，故曰览。比周胜，故曰跨之也。

另外张衡在《东京赋》中提及西京的时候说：

作洛之制，我则未暇。

其李注曰：

作洛，谓造洛邑。我，我高祖也。谓天下新造草创，不暇改作如制礼也。

这些文章创作的时间离西汉时期很近，因此其可信度是很高的。两赋中明言初期长安城的建设没有使用周人的城市规划传统，而是“览秦制，跨周法”，综合了多个地区的城市规划传统。同时，从上引《东京赋》及其李注可知，初期汉长安城的规划，在后人的眼里是不太符合礼制的。

其次，初期的汉长安城，没有采用周代遗留下来的礼法，还可以从汉初确定都城地址的过程中看出。我们不妨重新引用上述《史记·刘敬叔孙通列传》中的记载：

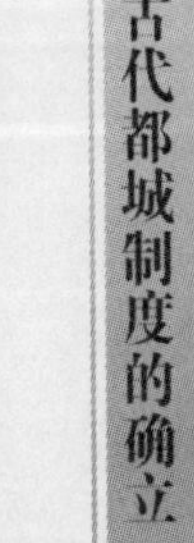

娄敬说曰："陛下都洛阳，岂欲与周室比隆哉？"上曰："然。"娄敬曰："陛下取天下与周室异。……成王即位，周公之属傅相焉，乃营成周洛邑，以此为天下之中也，诸侯四方纳贡职，道里均矣，有德则易以王，无德则易以亡。凡居此者，欲令周务以德致人，不欲依阻险，令后世骄奢以虐民也。……今陛下起丰沛，收卒三千人，以之径往而卷蜀汉，定三秦，与项羽战荥阳，争成皋之口，大战七十，小战四十，使天下之民肝脑涂地，父子暴骨中野，不可胜数，哭泣之声未绝，伤痍者未起，而欲比隆于成康之时，臣窃以为不侔也。

且夫秦地被山带河，四塞以为固，卒然有急，百万之卒可具也。因秦之故，资甚美膏腴之地，此所谓天府者也。陛下入关而都之，山东虽乱，秦之故地可全而有也。夫与人斗，不搤其亢，拊其背，未能全其胜也。今陛下入关而都，案秦之故地，此亦搤天下之亢而拊其背也。"

选择关中作为建都之地，就是放弃了周人规划传统中都城选址以德为本的传统。

第三，早期长安城的城市规划中采用了大量"象天法地"为主要内容的阴阳五行学说，这些都是《考工记》模式中没有的内容。

汉长安建设的执行者是萧何，具体指挥建设的是作过秦国军匠的阳城延。据《汉书》卷16《高惠高后文功臣表》：

梧齐侯阳城延，以军匠从起郏，入汉，后为少府，作长乐宫、未央宫，筑长安城先就，侯。

上引《东京赋》中也说：

是以西匠营宫，目翫阿房。

根据这些史料我们可以知道，具体进行汉长安城主要宫殿以及城墙建设的，是“西匠”阳城延。从上述文献看，这个阳城延“目翫阿房”，对秦国的宫殿制度十分熟悉，加之有关于“览秦制”的记载，因此我们可以认为，初期的长安城的建设应该受到秦咸阳的直接影响。在第三章我们已经指出，秦咸阳的最终阶段的规划，是一种以“象天法地”为特征的城市规划，与阴阳五行说有密切的关系。文献中记载说：

先作前殿阿房，东西五百步，南北五十丈，上可以坐万人，下可以建五丈旗。周驰为阁道，自殿下直抵南山。表南山之颠以为阙。为复道，自阿房渡渭，属之咸阳，以象天极阁道绝汉抵营室也。

作信宫渭南，已更命信宫为极庙，象天极。自极庙道通郦山，作甘泉前殿。筑甬道，自咸阳属之。

因北陵营殿，端门四达，以则紫宫象帝居。渭水贯都，以象天汉，横桥南渡，以法牵牛。①

这些史料都表明了秦咸阳与“象天法地”为主要内容的阴阳五行说有关。

汉长安城是以秦咸阳为范本加以改良而建设的。很多史料直接证明汉长安城规划中含有大量“象天法地”的要素。如《史记》卷8《高祖本纪·正义》说：

① 分别见《史记》卷6《秦始皇本纪》，《三辅黄图》卷2。

颜师古云："未央殿虽南向，而当上书奏事谒见之徒皆诣北阙，公车司马亦在北焉。是则以北阙为正门，而又有东门、东阙，至于西南两面，无门阙矣。萧何初立未央宫，以厌胜之术理宜然乎？"按：北阙为正者，盖象秦作前殿，渡渭水属之咸阳，以象天极阁道绝汉抵营室。

同条史料还记载：

《集解》：《关中记》曰："东有苍龙阙，北有玄武阙，玄武所谓北阙。"《索隐》：东阙名苍龙，北阙名玄武，无西南二阙者，盖萧何以厌胜之法故不立也。

另外，班固《西都赋》曰：

其宫室也，体象乎天地，经纬乎阴阳。据坤灵之正位，仿太紫之圆方。

再加上上引张衡《西京赋》中"正紫宫于未央，表峣阙于阊阖"的记载，我们可以基本上确定，初期汉长安城的规划，应该和秦咸阳相似，采用了"象天法地"式的城市规划模式。另外，《三辅黄图》卷1《十二城门》条中有一段很有意思的记载：

长安城东出南头第一门霸城门，民见其色青，名曰青城门。

而长安城东城最北面的宣平门后来又被称为青门（见《两汉博闻》卷11），一些人认为这是史料中将两门混同所致，其实大概不然，应该是当时的长安城的东墙城门，按五行配色全都刷成青色，故有此名称。至于南北西三面的城门是不是按照五行配色分别刷成朱、黑、白三色，还没有史料可以证明。到了王莽时期，十二城门的名称大部分是按照五行十二支的理论命名的。关于这一点，笔者在下文还要叙及。

第四，从汉长安的宗庙分布看，汉长安的规划与《考工记》匠人营国条记录的城市制度不符。

《考工记》中记录的城市中的宗庙，其位置为“左祖右社”，这是《考工记》城市规划的最重要部分。但是西汉皇帝的庙，除了太上皇、高祖和惠帝以外，其他皇帝的庙都在城外。如：

文帝庙在长安城南。(《汉书》卷4《文帝纪》

武帝庙号德阳宫，今长安西茂陵东有其处。(《三辅黄图》卷5)

宣帝庙在杜陵西北。(《西汉会要·宗庙》)

等等。完全和《考工记》不符。据史籍：惠帝庙在高庙西侧，《三辅黄图》卷5说：“惠帝庙在高庙后”，这个“高庙后”的说法是很值得注意的，因为如果高庙南向，一般来说讲述位于高庙西侧的惠帝时，应该说在高庙右侧。如果高庙东向，那么位于高庙西侧的惠帝庙就可以说是位于高庙后边了。从这些记载来看，高庙应该东向，而惠帝庙并没有按照儒家的庙制被放在高庙的旁边，而是放在了高庙的后面，这种宗庙布局表明西汉初期没有采用儒家的宗庙制度，这种东西前后排列的庙制度当然不是按照《考工记》中记录的模式修建的。

第五，从《考工记》的传承过程看，汉长安城的规划不可能使用《考工记》中的城市建设模式。

关于《考工记》的传承，很多学者都曾经有过详细的论述，这里就不赘言了。简单地说，关于《考工记》成书的年代，学者间的意见很不相同，有成书于西周到成书于西汉等多种说法。一般认为《考工记》成书于东周齐国。但是对于《考工记》中记录城市规划的匠人营国一节，有不少学者认为其中记载与考古资料矛盾，这一部分成书的时间大约在西汉。①《考工记》是在汉武帝时期河间王向朝廷献上的，在此之前的流传过程不明。《考工记》献上后引起了不少当时学者的批判，被藏在深宫图书馆中，一般人无法阅读。后来到了王莽时期，古文经大兴，《考工记》才流传到社会上。因此，从《考工记》的传承过程看，汉初的萧何以及阳城延等人是看不到这本书的。有一种意见认为，即使《考工记》在汉初不传于世，当时社会上应该有类似的传统，并为萧何等人所参考。这种意见是不正确的，因为从战国时期各国城市的构造来看，除了曲阜鲁故城以外，几乎没有与《考工记》所记城市规划相同的城市构造，已经有不少学者曾经指出了这一点，这里就不赘述了。②

综合上面五个方面的证据，笔者认为《考工记》中所记录的城市规划模式，对汉长安城初期的建设应该是没有直接的影响的。而初期汉长安城规划的思想，来自当时流行的阴阳五行学说。

---

① 李锋：《考工记成书西汉时期管窥》，《郑州大学学报（哲社）》1999 年第 3 期。周长山：《汉长安与考工记》，《文物春秋》2001 年第 4 期。

② 前引李锋：《考工记成书西汉时期管窥》。

二、文帝对汉长安城规划的思考

我们在上文曾经指出，汉长安城的规划，从其西汉初期到西汉晚期曾经有过数次改变。笔者最为注意的是文帝时期的变化和王莽时期的变化。

汉文帝是中国古代史上的一个贤明之君。据史书记载，汉文帝“本好刑名之言”,① 又“好道家之学”，根据这些史料可知，文帝的统治理念，主要来自当时的“刑名之言”和“道家之学”。同时，汉文帝还是一个勤俭之君，据史书记载：

孝文帝从代来，即位二十三年，宫室苑囿狗马服御无所增益，有不便，辄弛以利民。尝欲作露台，召匠计之，直百金。上曰：“百金中民十家之产，吾奉先帝宫室，常恐羞之，何以台为！”上常衣绨衣，所幸慎夫人，令衣不得曳地，帏帐不得文绣，以示敦朴，为天下先。治霸陵皆以瓦器，不得以金银铜锡为饰，不治坟，欲为省，毋烦民。②

如此俭省的汉文帝却在其晚期不吝金钱，大兴土木地建设了很多宗教祭祀设施。据《史记》卷10《孝文本纪》：

（文帝后）十五年，黄龙见成纪，天子乃复召鲁公孙臣，以为博士，申明土德事。于是上乃下诏曰：“有异物之神见于成纪，无害于民，岁以有年。朕亲郊祀上帝诸神。礼官议，毋讳以劳朕。”有司礼官皆曰：“古者天子夏躬亲礼祀上帝于郊，

① 《史记》卷121《儒林列传》。

② 《史记》卷10《孝文本纪》。

故曰郊。”于是天子始幸雍，郊见五帝，以孟夏四月答礼焉。赵人新垣平以望气见，因说上设立渭阳五庙。

于是作渭阳五帝庙，同宇，帝一殿，面各五门，各如其帝色。祠所用及仪亦如雍五畤。①

文帝亲拜霸渭之会，以郊见渭阳五帝。五帝庙南临渭，北穿蒲池沟水，权火举而祠，若光辉然属天焉。于是贵平上大夫，赐累千金。而使博士诸生刺六经中作王制，谋议巡狩封禅事。

文帝出长门，若见五人于道北，遂因其直北立五帝坛，祠以五牢具。②

文帝的这种一反其节俭常态的行为，其实包含着文帝打算改动长安规划的强烈欲望，这应该是当时的社会思潮的一种反映。

就在文帝建设渭阳五庙之前，朝廷之中发生了“改正朔”之争。早在文帝初年，朝廷中就有一种势力，向文帝游说“改正朔”之事。《史记》卷84《屈原贾生列传》记载道：

贾生以为汉兴至孝文二十余年，天下和洽，而固当改正朔，易服色，法制度，定官名，兴礼乐，乃悉草具其事仪法，色尚黄，数用五，为官名，悉更秦之法。孝文帝初即位，谦让未遑也。

---

① 两条史料均见《史记》卷10《孝文本纪》。

② 两条史料均见《史记》卷28《封禅书》。

贾生的这种行为，其实是对汉初制度的否定，当然也是对高祖老臣的否定。贾生在世时，文帝即位日浅，没有力量除去高祖老臣的势力，贾谊也被排挤到长沙。到了文帝后期，高祖老臣基本都已经去世，文帝虽没有进行改正朔的尝试，但是他利用鲁人公孙臣的上书为契机，罢免了最后的高祖老臣重镇——丞相张苍。据《史记》卷96《张丞相列传》：

苍为丞相十余年，鲁人公孙臣上书言汉土德时，其符有黄龙当见。诏下其议张苍，张苍以为非是，罢之。其后黄龙见成纪，于是文帝召公孙臣以为博士，草土德之历制度，更元年。张丞相由此自绌，谢病称老。苍任人为中候，大为奸利，上以让苍，苍遂病免。苍为丞相十五岁而免。

张苍的罢免，标志着汉初高祖功臣集团政治力量的终结。《史记》卷23《礼书》中对此进行了总结：

至秦有天下，悉内六国礼仪，采择其善，虽不合圣制，其尊君抑臣，朝廷济济，依古以来。至于高祖，光有四海，叔孙通颇有所增益减损，大抵皆袭秦故。自天子称号下至佐僚及宫室官名，少所变改。孝文即位，有司议欲定仪礼，孝文好道家之学，以为繁礼饰貌，无益于治，躬化谓何耳，故罢去之。

这段史料中除了总结了汉初统治理念的变化以外，还指出文帝时期“有司”打算利用“圣制”改造当时的礼仪制度，而文帝却将这种意见却下了。

但是到了文帝后期改元后，文帝开始改变以前在雍祭祀上

帝的传统，在长安东面建设了祭天设施五帝庙和五帝坛。① 这一举动其实是对汉长安初期规划的一个不大不小的革命，这种对长安城规划的变革，应该和文帝时期社会上崇尚黄老思想的势头逐渐衰弱，儒家思想成为主流社会思想这一变化有关。文帝拥有一种中庸的性格，对于文帝的这种性格，高敏先生曾经撰文指出：有着改革家形象的汉文帝，由于其即位的特殊的社会历史背景，使他在即位后进行一系列政治、经济改革的同时，出现了尊宠刘氏宗族和依靠重用老臣、宿将的局面。汉文帝的这种报恩思想也赋予了他因循守旧和固守刘邦政治原则的形象，形成了他人格上的二重性。② 这种人格上的双重性也表现在文帝对长安城进行改造的行动上，文帝虽然有对汉长安城的规划作出变动的打算，但是由于不能摆脱其遵循高祖遗制的桎梏，所以他只能通过在城外不太要紧的地方建设祭祀设施来表现自己的愿望，终于没有能对汉长安城的城市格局作出大的改动。而最初实现这种改动的，是汉武帝。

三、武帝对汉长安城的改建

田余庆先生曾经撰《论轮台诏》一文，对汉武帝的统治理念进行了论述，阎步克撰《汉武帝时“宽厚长者皆附太子”考》，对武帝后期儒学和道家之学的斗争进行了深入的

---

① 秦建明等人认为，五帝祠在陕西省三原县北嵯峨乡天井岸村。参见《陕西发现以长安城为中心的两汉南北超长建筑基线》，《文物》1995 年第 3 期。

② 高敏：《论汉文帝》，《史学月刊》2001 年第 1 期。

论述。关于汉武帝前期的统治理念，学者间的歧见很多。虽然所谓武帝“罢黜百家，独尊儒术”的观点虽然受到质疑，但是认为武帝好儒，同时“悉延百端之学”的意见越来越被认可。武帝好儒，所以群臣中有了更多的儒学之士，如丞相窦婴、太尉田蚡、御史大夫赵绾等，同时，这个时期类似司马迁这样的学者已经认为当时的官名宫室等不符合“圣制”，所以出现应该对长安城规划进行改动的想法也是顺理成章的，这种想法影响到了武帝，所以史籍中说：“（武帝）欲议古立明堂城南，以朝诸侯，草巡狩封禅改历服色事”。从这则史料来看，武帝打算对长安城的规划作改动时，主要依据了儒家学说。

武帝是从中轴线以及宫殿配置这两个方面入手，对长安城的规划进行改革的。在这里，我们主要考察武帝时期汉长安城中轴线的变化。

虽然在很多中国古代城市的研究中涉及到了城市的中轴线，但是在史学界专门对我国中古时代以前的中轴线进行论述的论文不多，笔者曾经于1998年发表《关于汉唐时期城市规划中的中轴线》一文，① 李自治于2003年发表了《中国古代城市布局中的中轴线问题》一文②，对中国古代城市规划的中轴线进行了全面的分析。

---

① 拙著《关于汉唐时期城市规划中的中轴线》，《阪南论集（人文·自然科学）》第34年第1号，1998年7月。

② 李自治：《中国古代城市布局中的中轴线问题》，《考古与文物》2003年第4期。

在中国古代城市史的研究中，经常可以看到“中轴线”、“设计轴线”、“规划中心线”等用语，但是在很多研究中这些概念的定义是比较暧昧的。在汉代的文献中，看不到类似“城市中轴线”意义的用语，但是汉代文献中可以看到“立极”等关于城市中心点的文字。据笔者的管见，在中国古代文献中类似“中轴线”语义的词汇大约最早出现于南朝时期，鲍照在游历广陵城遗址后创作了《芜城赋》，其中用了“柂以漕渠，轴以昆岗”，的表现，据《文选注》引《河图括地象》：“昆岗之山，横为地轴”，这里的“轴”字应该是指广陵城以昆岗山为基准的中轴线。纵观这个时期的城市规划中轴线，我们可以将中轴线做以下的界定，即：通过直线配置的大型建筑、城门、道路表现的规划轴线，其两侧通常对称的配置着重要的官衙或者贵族高官的住宅。从战国时期到南北朝时期的城市规划来看，当时的城市规划轴线并不一定位于城市的正中间，如燕下都、纪南城等，同时很多城市存在复数的轴线，如邺城。

那么，中国古代的都城的中轴线是用怎样的原理画定的呢？也就是说，中国古代城市规划的中轴线来自哪里呢？要解决这个问题，首先必须看看中国古代城市的建设顺序。据文献史料，中国上古时期的城市建设大致经过“定宅（选择城市建设的中心点）”、“平地（平整城市建设的土地）”、“攻位（测量建设基准线和确定宫殿区位置）”三个工程顺序。“定宅”工作一般通过召集国务会议，决定大致的定都地区，然后通过占卜的方式决定具体的建都地点。《尚书·洛诰》曰：

予惟乙卯，朝至于洛师。我乃卜河朔黎水，我乃卜涧水东、瀍水西，惟洛食。我又卜瀍水东，亦惟洛食。伻来以图及献卜。王拜手稽首曰："公不敢不敬天之休，来相宅，其作周匹休。"

这段文字讲的就是"定宅"。关于"平地"，《考工记》匠人建国条中有如下的记载：

匠人建国，水地以县，置槷以县。

据其郑玄注：

于四角立植而县以水，望其高下，高下既定，乃为位而平地。

就是利用古代的水平仪，测量高下，平整土地。最后的工程是最重要的"攻位"，据《周礼·大司徒》：

以土圭之法测土深。正日景，以求地中。日南则景短，多暑。日北则景长，多寒。日东则景夕，多风。日西则景朝，多阴。

其郑玄注曰：

土圭所以致四时日月之景也。测犹度也。不知深广，故曰测。

其贾公彦注曰：

深谓日景长短之深。

另外《考工记·匠人建国》条还记载说：

匠人建国，水地以县。眡以景，为规，识日出之景与日入之景，昼参诸日中之景，夜考之极星，以正朝夕。

其郑玄注曰：

日出日入之景，其端则东西正也。又为规以识之者，为其难审也。自日出而画其景端以致日入，既则为规测景两端，规之。规之交，乃审也。都两交之中，屈之以指臬，则南北正。

其贾公彦注曰：

槷亦谓柱也，……云于所平地之中央树八尺之臬，……臬即表也。……日出日入之景其端则东西正也。

《周礼》和《考工记》的时代这里姑且不论，郑玄和贾公彦都生活于这个时代，他们撰写的注释中的内容应该正确地反映了秦汉时期都城建设中“攻位”的方法。从两人的注释可知，当时的“攻位”的内容，主要是通过测量确定正南北方向，然后规划宫殿和城墙。具体地说，“攻位”先使用工具，通过观测日影，正确测定东西方向，然后在东西轴线上画直角相交的直线，这就是正南北方向的城市中轴线。测量的工具需要垂直于水平面，不然测出的东西方向线会有比较大的误差。古人校正垂直的方法是在测量用的柱子的顶端钉上一个四枝都与地面平行的十字架，十字架的四个端头都要有线绳下垂，线绳最下端还要绑上小的重物，这样，当四个线绳都与测量用的柱子平行时，柱子就是正确地垂直于水平面了。在日影最长时，分别测得日影落于测量工具西侧和东侧最长处的两个点，然后连接两点，大致就可以得到比较精确的东西方向。

通过测量日影获得正东西方向的直线后，根据正东西方向的直线可以简单求得正南北方向直线，这条南北方向的直线就是城市规划的中轴线。中国古代城市规划中轴线就是这样产生的，《西都赋》中“其宫室也，体象乎天地，经纬乎阴阳”中的“经纬乎阴阳”、左太冲《魏都赋》中“阐钩绳之筌绪，承二分之之正要。揆日晷，考星曜，建社稷，作清庙”，就是说的这个过程或者其结果。

从上述汉长安城的建设过程可知，汉长安城曾经利用了一部分秦国旧宫，最先建设的新宫殿是未央宫，未央宫也是汉长安城规划中最主要的宫殿。所以汉长安城的“攻位”的基点应该在未央宫前殿附近。这个看法也可以得到史料的证实。前引张衡《西京赋》载：“正紫宫于未央，表峣阙于阊阖”，就明确地指出了长安城的基点。班固《西都赋》曰：“其宫室也，体象乎天地，经纬乎阴阳。据坤灵之正位，仿太紫之圆方”，“坤”者，地也，土也。从十二支配十二方位看，未央宫居长安未位，未为土。所以据坤灵之正位，说的是未央宫居于正位。这也说明未央宫是上述“攻位”的基点。另外，前引《史记》卷8《高祖本纪·正义》载：

颜师古云：“未央宫虽南向，而当上书奏事谒见之徒皆诣北阙，公车司马亦在北焉。是则以北阙为正门，而又有东门、东阙，至于西南两面，无门阙矣。萧何初立未央宫，以厌胜之术理宜然乎?”按：北阙为正者，盖象秦作前殿，渡渭水属之咸阳，以象天极阁道绝汉抵营室。

我们知道未央宫的北阙是最重要的宫门，其两侧有重要的

官衙和高级官僚的宅第，其北有横门内大道，大道两侧有东西市，再向北是横门，横门外不远是渡渭水的横桥，再向北10公里左右就是汉高祖长陵。未央宫北阙向南，先有未央宫前殿，接着是南城的西安门，再向南进入秦岭，就是龙子窝南方的高峰，这个高峰是秦岭在西安南方部分的最高峰。上述情况看，无论是史料还是遗迹分布都证明，西安门——未央宫前殿——未央宫北阙——横门内大街——横门——长陵一线应该是汉长安城初期的城市规划轴线。

在汉长安城初期，这条偏西的城市设计轴线并没有成为太大的问题，但是到了儒家学说开始盛行的汉武帝时期，首都中轴线偏西明显是不合乎儒家的“圣制”的，笔者上面已经述及，儒家城市的出发点之一是宗庙，所谓“有宗庙先君之主曰都”（《左传·庄公二十八年》），儒家宗庙都是祖先居中，以下依次按昭穆左右排列，形成以中轴对称的构造，所以“居中”是儒家城市规划的一个重要内容。

汉武帝好儒，又是一个具有“悉延百端之学”思想倾向的皇帝，所以他在接受粤巫勇建设新宫殿的建议以后，在当时长安城中轴线的西面建设了建章宫，形成了东有长乐，西有建章，中有未央的新格局，原来通过未央宫的中轴线偏西，由于建章宫的建设，这条偏西的轴线就不再显得偏西，而成为位于长安正中的中轴线了。

四、王莽时期托古改制对长安城构造的影响

阎克步先生曾经指出：“秦汉间法术、道术、儒术形同水火又迭为兴衰，构成了此期政治文化史的奇观。但一个思想体

系往往包含着诸多因素、诸多倾向，而且一个理念被还原到具体行事，或一种举措被归结到某一理念，那要经过许多层次的转换。"① 这个意见是十分精辟的，西汉时期的儒学，经过董仲舒的改造，将当时黄老思想、阴阳思想的要素也引入儒学，建立起一套的"天人感应"式的儒学新体系。到了王莽时期，曾经是儒学主流的今文经学势力减弱，王莽利用古文经学进行"托古改制"。王莽"托古改制"的内容十分宏杂，改变长安的构造也是王莽改制的一部分。王莽主要对长安进行了以下两个方面的改造：

1. 按照古文经系统的记录，建设九庙、明堂、辟雍、灵台等礼制设施，明确长安城中轴线，拆除不合儒家规范的宫殿。

据《汉书》卷99上《王莽传上》：

> 莽奏起明堂、辟雍、灵台，为学者筑舍万区，作市、常满仓，制度甚盛。立《乐经》，益博士员，经各五人。征天下通一艺教授十一人以上，及有逸《礼》、古《书》、《毛诗》、《周官》、《尔雅》、天文、图谶、钟律、月令、兵法、《史篇》文字，通知其意者，皆诣公车。

又曰：

> 夫明堂、辟雍，堕废千载莫能兴，今安汉公起于第家，辅翼陛下，四年于兹，功德烂然。公以八月载生魄庚子奉使，朝用书临赋营筑，越若翊辛丑，诸生、庶民大和会，十万众并集，平作二旬，大功毕成。

---

① 阎步克：《汉武帝时"宽厚长者皆附太子"考》，《北京大学学报（哲社版）》1993年第3期。

明堂、辟雍等是聚集长安诸生和庶民10万人，用20天建设的。在汉长安城的考古调查中，发现了文献中记载的王莽时期建设的礼制建筑，在本章第一部分已经简单记叙了有关资料，这里就不赘言了。汉长安城在汉初就建设了官社，其位置在汉长安城南城墙外，西安门大道的西边。但是这个官社在汉末被废弃了，王莽时代似乎并没有重新修建这个官社，这个现象十分值得重视。官稷在官社遗址西南，大概在工程还没有完成的时候，新莽就灭亡了。

王莽通过建设宗庙和官稷，终于让汉长安城成为一个“面朝后市，左祖右社”的《考工记》式的城市。

另外，据《汉书》卷99下《王莽传下》：

坏彻城西苑中建章、承光、包阳、大台、储元宫及平乐、当路、阳禄馆，凡十余所，取其材瓦，以起九庙。

破坏建章宫，大约是因为建章宫在城外，不符合古文经系统的都城规划思想。

2. 按照儒家阴阳五行学说，重新解释长安城的构造。

在西汉初年设计汉长安城的时候，使用了一部分阴阳家的城市规划手法，这一点我们在上文已经叙述过了。从萧何使用“厌胜”格局建设未央宫的史实来看，汉初用来规划汉长安城的阴阳学，应该属于兵阴阳家的学说。正如上引阎步克先生所指出，汉代的各种理论体系，有着互相吸收互相包容互相斗争的特点，阴阳学说也是如此，在董仲舒创立新的儒学体系之后，阴阳五行学说中符合儒家基本思想的部分也被融合进儒家学说中，此为儒家的阴阳五行说。王莽“托古改制”中有一个重要的内容就是使用儒家阴阳五行学说，重新解释汉长安城的构造，这种行为也可以认为是一种附会。这种附会是相当复杂的，正如王仲殊在论述《考工记》与汉长安城的关系时所说的那样：也许是汉儒利用汉长安城的关系，增补了《考工记》的内容①。同时，也有将本来没有某种意义的城市规划，强加上某种儒家的概念。在汉长安城作为都城的最后的阶段，这两种现象应该都是存在的。比如汉长安城原有 12 个城门，其中有一些城门可以看到五行学说的影子，但是这些城门是否是根据十二支理论建立的，还不能确定。王莽当权以后，更改了汉长安 12 个城门的名称，从其中有关历法的名称来看，这种更名使用了十二支理论，所以这种改名是王莽时期将十二支学说附会到长安城规划上的一种表现。据《三辅黄图》卷 1《都城十二门》条：

> （霸城门）王莽更名曰仁寿门无疆亭。
>
> （宣平门）王莽更名曰春王门正月亭。
>
> （安门）王莽更名曰光礼门显乐亭。
>
> （厨城门）王莽更名曰建子门广世亭。
>
> （西安门）王莽更名曰信平门诚正亭。
>
> （章城门）王莽更名曰万秋门亿年亭。
>
> （雍门）王莽更名曰章义门著义亭。

从这条史料看，在王莽居摄以后这些城门都被附会上了五行十二支学说的意义。依据五行十二支理论，正月建寅，春天开

① 前引王仲殊《汉代考古学概说》。

始，汉长安城的宣平门，正处于十二支的寅位上，所以被命名为春王门正月亭。最明显的是厨城门，厨城门是长安城北墙中门，正处于十二支的子位上，所以被命名为建子门。西方为秋，所以位于汉长安城西墙的章城门被命名为万秋门。其他与仁义礼智信有关的城门名称，也都是来自五行十二支学说，具体可参见《五行大义》等书籍中的记载，这里就不赘言了。

通过以上的分析，我们可以得到以下的认识：

第一，汉长安城的规划，在其作为汉王朝都城的二百余年间发生过数次的变动。初期长安城的建设，主要吸收了秦的“象天法地”的城市规划传统。城门有三个门洞的构造，也许受到了战国楚国都城的影响。因为萧何在建设汉长安城时。汉政权还没有获得比较安定的局面，东方还有敌人，所以在当时的规划中使用了“厌胜”等与兵阴阳理论有关的城市规划要素。所以东汉人认为汉长安城是“取殊材于八都”。当时这些“殊材”大概是比较杂然地拼合在一起，没有一个统一而且定型的规划理论，加之要利用秦人的旧宫，所以初期的长安城建设比较杂乱，城市构造缺乏一定的统一性。

第二，从城市的选址、城市构造、城市规划传统的发展过程、史籍记载、文献传承等多方面来看，初期汉长安城的规划与《考工记》似乎没有直接关系。《考工记》记述的都城模式与汉长安城的构造相似，也许是王莽时期篡改儒家经典以及用儒家经典附会长安城构造的结果。

第三，西汉 200 余年间汉长安城规划的变动，与西汉时期社会思想的变动有关，特别是和统治者的统治理念的变化有关。由于盛行黄老学说，汉初建设长安城尽量使用了秦人遗留的宫殿设施，城市规划比较零乱。文帝、景帝时期的汉长安城的规划变化不多，文帝将祭天设施转移到都城旁边，开启了都城郊外祭天的先河。武帝以后，儒家学说开始影响最高统治者，利用儒家思想改造汉长安城的潮涌此伏彼起，通过元、成两帝时期的摸索与失败，到了王莽时期，汉长安城在构造和理念两个方面都被改造成一个儒教型都城。另一方面，经济活动对汉长安城规划的影响应该说是比较间接的。

第五章　东周秦汉时期城市理论的发展

在古希腊罗马的历史上，特别是在公元前 1 世纪到公元 1 世纪之间这段时期，出现了许多关于城市的理论和技术的专著，① 这些书籍有的流传到今天，使我们得以了解当时学者和技术人员对西方古代城市的思考。在同时期的中国《汉书》卷 30《艺文志》中记录了《明堂阴阳说》、《宫宅地形》等书籍，应该与城市建设有关的专著。另外还有《堪舆金匮》，“堪舆”在后世一般与风水有关（据三浦国雄等人的研究，这部书是一部与时相有关的书籍）。可惜这些书籍都已经散失了，我们无从窥知其全豹。所以在进行东周秦汉时期城市理论研究的时候，我们只能依据传世文献中的只鳞片爪展开探讨。近年来，由于出土文字资料的大量出现，东周秦汉时期的史料增加了许多，其中《日书》等简牍资料中包含一些当时的人们对城市的思考。

---

① 如 Sextus Julius Frontinus（约公元 30 - 104 年）的 De aquis urbis Romae（《关于罗马市的供水管网》），Marcus Vitruvius Pollio（约公元前 1 世纪）的 De architectura libridecem（《建筑十书》）等。

相对于其他问题来说，关于东周秦汉时期城市理论的研究成果不多，贺业钜较早地提出了关于中国古代城市理论的论题，并进行了一定的探讨，为这一方面的研究打下了基础，最近关于这个时期的城市理论研究虽然有所增加，仍然不能跳出贺业钜构筑的框架。

由于西周时期大规模的城市建设，到了东周时期，我们的祖先已经积累了很多城市建设的经验，其中一部分经验更已从感性认识上升为理性认识。我们今天能看到的相关文献中，有管子学派、墨家、法家、阴阳数术家、儒家学者关于城市理论的论述。其中儒家、管子学派、阴阳数术家、墨家等学派的资料相对较多些。

第一节　儒家的城市理论

一、东周秦汉儒家著述中关于城市概念的论述

儒家著述中关于城市概念的论述，因学派不同，其侧重点有所不同。《左传·庄公二十八年》中记载说：

凡邑有宗庙先君之主曰都，无曰邑。

从这则记载看，古文经系统的儒家学者认为都城是祭祀祖先的场所，这是都城最重要的本质，所以都城中最重要的要素是宗庙，《左传》中对城市的分类是依据有无先君牌位和宗庙来决定的。人口等要素在古文经学者看来，并非城市最重要的要素。

今文经系统的学者对此有着完全不同的认识。《穀梁传·僖

公十六年》记载：

民所聚曰都。

这个定义明显与《左传》中的定义不同。看样子今文经学者认为城市最重要的要素，是拥有大量的人口。①

《小尔雅》广言中也有关于城市定义的记载：

都，盛也。

这个《小尔雅》，因为窜入伪书《孔丛子》中，在很长时期都被认为是一部伪书，但是通过近年对《小尔雅》本身的研究以及出土文字资料的佐证，其可信性逐渐被学者所承认。②《小尔雅》中既有解释《公羊传》、《穀梁传》中词汇的部分，也有解释《周礼》中特有词汇的地方，所以《小尔雅》的作者应该是兼通古文经和今文经的儒生。上述“都，盛也”应该是古文经学和今文经学合流以后儒家学者对都市定义的新认识。到了《白虎通》的时代，《小尔雅》的城市概念得到了公认和完善。《白虎通》卷4《京师》曰：

京师者，何谓也？千里之邑号也。京，大也。师，众也。天子所居，故以大众言之。

《白虎通》是古文经今文经合流的结果，③ 也是东汉朝廷

---

① 关于古文经的传承史，参见汤志均《西汉经学与政治》，上海古籍书店，1994年。

② 参阅黄怀信：《小尔雅校注》序章，三秦出版社，1992年。

③ 陈立：《白虎通疏证》1页，中华书局，1994年。

认可的具有正统性的书籍。古文经和今文经经过长时期的斗争最后合流为一，秦汉时期儒家对城市的定义也就被这样确定下来了。

二、关于城市建设用地的选择

关于城市建设用地应该具备哪些条件这个问题，儒家学者的认识是十分独特的。《尚书·召诰》载：

……王来绍上帝，自服于土中。旦曰：其作大邑，其自时配皇天，毖祀于上下，其时中乂，王厥有成命，治民今休。

可见西周时期就已经存在“中土致治”的思想。《史记》卷4《周本纪》也记载：

成王在丰，使召公复营洛邑，如武王之意。周公复卜申视，卒营筑，居九鼎焉。曰：“此天下之中，四方入贡道里均。”

这种思想渗透很广，比如属于杂家著作的《吕氏春秋》中有以下文字：

君独不闻成王之定成周乎？其辞曰：“惟余一人营居于成周，惟余一人有有善，易得而见也。有不善，易得而诛也。”

上引《史记》卷99《刘敬叔孙通列传》也说：

成王即位，周公之属傅相焉，乃营成周洛邑，以此为天下之中也，诸侯四方纳贡职，道里均矣。

《盐铁论》卷6《除狭》曰：

"古者封贤录能，不过百里，百里之中而为都。

从这则史料可以推测，西周的"中土致治"的思想，到秦汉之际仍然是存在的。在两汉时期，这种思想被儒家学派的学者所继承，在官僚中也很有市场，贾谊等人的著作中有相关的内容，儒生因此还与其他学派的学者产生争论。

东汉时期定都洛阳，这种选择首都建设用地的思想成为官方的见解。《白虎通》曰：

王者京师必择土中，何也？所以均教道，平往来，使善易以闻，为恶易以闻。明当惧慎，损于善恶。

这种从西周一直传承到汉代的"中土致治"的思想的出发点是"以德致人"、"四方入贡道里均"、"善恶易闻"，后两者的核心，其实也是"德治"。所以可以说儒家学派在考虑都城建设用地的时候，首先考虑的是否符合所谓的"德"的价值观。这与后面将要叙及的管子学派的观点完全不同。

在以"德"为基准选择建都的区域以后，具体的地点选择用龟卜决定，接着的都城建设程序我们在上章已经做过介绍，这里就不赘言了。

三、关于城郭

儒家学派关于城郭构造最有名的记载，就是本书中多次引用的《考工记·匠人营国》中的记载：

匠人营国，方九里，旁三门。国中九经九纬，经涂九轨，左祖右社，面朝后市，市朝一夫。

根据这段记载，儒家学者认为理想的城市平面应该是所谓的方格形。这种城市虽然外围建有城墙，但是儒家学派的学者对城郭的防御效能持否定态度。如《孟子·公孙丑下》载：

孟子曰：天时不如地利，地利不如人和。三里之城，七里之郭，环而攻之而不胜。夫环而攻之，必有得天时者矣。然而不胜者，是天时不如地利也。城非不高也，池非不深也，兵革非不坚利也，米粟非不多也。委而去之，是地利不如人和也。故曰：域民不以封疆之界。固国不以山溪之险，威天下不以兵革之利，得道者多助，失道者寡助。

《孟子·离娄》曰：

城郭不完，兵甲不多，非国之灾也。田野不辟，货财不聚，非国之害也。上无礼，下无学，贼民兴，丧无日矣。

这种认为德治在军事上的重要性超过城郭的观点，在战国时期似乎并没有被当时的统治者所接受。到了汉代，这种观点在儒家学者中却变得根深蒂固，如《盐铁论》卷9险固曰：

文学曰：阻险不如阻义，……冲隆不足为强，高城不足为固。

将汉儒的认识和《孟子》中的记述相比，汉儒的想法可以说已经到了迂腐的境地了。那么，城池对于儒家来说，到底有何种意义呢？《孟子·告子下》载：

夫貉，五谷不生，惟黍生之。无城郭、宫室、宗庙、祭祀之礼。

这是关于当时的少数民族“貉”的记载，在孟子看来，城郭应该是“中国”与“夷狄”区别的标志，是一种“礼”的象征。《春秋繁露》卷6《立元神》曰：

何谓本？曰：天地人，万物之本也，天生之，地养之，人成之。天生之以孝悌，地养之以衣食，人成之以礼乐，三者相为手足，合以成礼，不可一无也。无孝悌，则亡其所以生，无衣食，则亡其所以养，无礼乐，则亡其所以成也。三者皆亡，则民如麋鹿，各纵其欲，家自为俗，父不能使子，君不能使臣，虽有城郭，名曰虚邑。

从这条记载来看，董仲舒认为没有“礼制”的城市，不过是一种“虚邑”，依然认为“礼”是城市最重要的要素。但是董仲舒发展了孟子的思想，他认为除了“礼”之外，代表孝悌的天以及代表衣食的地也是十分重要的，显现出重视城市的物质属性的倾向。

对于儒家学者来说，城市建设规模也必须格纳入“礼”的规定之中。《左传·隐公元年》载：

都，城过百雉，国之害也。先王之治，大都不过参国之一，中五之一，小九之一。

这里的大、中、小都是依据领主的爵位，依礼规定的，与城市人口等要素并没有直接关系。

儒家学者认为在城市建设的时期，也必须依礼而行，《礼记·王章》曰：

（孟春月）毋置城郭。

《礼记·月令章》也说：

孟夏行秋令，……后乃大水，败其城郭。

认为上天会用灾害警告不遵守礼制的城市建设活动。

总之，儒家的城市理论的核心是“仁政”和“德治”，“礼”是实现“仁政”和“德治”的表象或者手段，从现在的视角看，儒家的城市理论具有很强的形而上学的特征。这一点也被汉代其他学派的学者所诟病，如《盐铁论》卷 8《和亲》中就说：

昔徐偃王行义而灭，鲁哀公好儒而削。知文而不知武，知一而不知二。故君子笃仁以行，然必筑城以自守，设械以自备，为不仁者之害己也。……故兵革者国之用，城垒者国之固也，而欲罢之，是去表见里，示匈奴心腹也。

正因为儒家城市理论的迂阔，所以在战国时期儒家的城市理论几乎没有任何用武之地。比起战国时期重视城市的功利性来说，在社会比较安定的汉代，统治者更加重视社会的秩序性，所以在汉代，儒家的城市理论有了比较大的市场，西汉后期的汉长安城以及东汉首都洛阳，都在很大程度染上了儒家城市理论的色彩。

另外《穀梁传》一派的儒家城市理论在儒家中是比较特殊的，穀梁派的学者十分注意城市的人口要素，重视城郭的军事功能，相对其他学派没有过分强调城市的礼制要素，这个现象是应该重视的。

第二节　管子学派的城市理论

在东周秦汉时期，阐述城市理论最为系统的书籍是《管子》。《管子》一书比较详细地论述了城市建设用地的选择、城市建筑、城市人口与城市规模的关系、城市居民结构、城市与农村的关系、工商业与城市的关系等多个方面的内容。特别是其中的《乘马》篇的内容涉及到城市理论的很多方面，是研究中国古代城市理论的好材料。正因为管子学派关于城市理论的论述比较重要，所以近年有关《管子》的城市规划手法和居民组织的研究论文比较多。

一、城市建设用地与城市规划模式

《管子·乘马》曰：

凡立国都，非于大山之下，必于广川之上。高毋近旱而水用足，下毋近水而沟防省。

另外《管子·度地》曰：

故圣人之处国都，必于不倾之地，而择地形之肥饶者，向山左右，经水若泽。

这种选择城市用地的理论特别注重城市的经济功能和军事功能，也就是说，这种城市理论完全是为“王霸”服务的。与上述儒家的基于“德治”和“仁政”的城市理论完全不同。在战乱频繁的东周时期，这种城市理论当然最容易被各国统治者所接受。纵观战国时期主要国家的首都，按照儒家理论建设的城市几乎看不到，相反，当时各国的国都基本上都在“广川”之侧，或者旁依有战略价值的丘陵。如赵国的首都邯郸，其被称为“赵王城”的部分位于丘陵之麓，城市的主要部分“大北城”附近，有沁水和渚水流过，与《管子》上述文字形容的城市用地的状况十分相似。大部分战国时期的都城都会有效地利用河流和丘陵来提高城市的防御能力。

关于城市规划模式，《管子》中没有记述具体的数值或者构造样式，而是提出了因地制宜的灵活的理论指南。《管子·乘马》载：

城郭不必中规矩，道路不必中准绳。

指出了可以因地制宜建设城市的方针。

二、《管子》中关于城市居民的论述

《管子·乘马》中记载：

上地方八十里，万室之国一，千室之都四。中地方百里，万室之国一，千室之都四。下地方百二十里，万室之国一，千室之都四。以上地方八十里与下地方百二十里，通于中地方百里。

《管子·八观》曰：

夫国城大而田野浅狭者，其野不足以养其民。城域大而人民寡者，其民不足以守其城。宫室大而室屋寡者，其室不足以实其宫，室屋众而人徒寡者，其人不足以处其室。

提出城市规模与城市依托的地域的广狭以及城市规模与城市人口关系需要保持适当比例的观点。《乘马》篇中的思想，在汉代出土文字资料中也可以看到。如上面我们曾经引用过的“银雀山汉简”中的史料：

> 战国应敌……固守。战国者，外修城郭，内修甲戟矢弩。万乘之国郭方（十）七里，城方九（里，城高）九仞，池（广）百步，国城郭……（郭）方十五里，城方五里，城高七仞。

可见《管子》学派的主张应该在汉代还有一定的影响。

三、城市经济问题

《管子》学派的城市理论不只限于城市建设，也涉及了城市经济、城市社会等多方面的内容。特别是在城市经济方面，《管子》与当时其他学派的思想家一样，也提出了许多自己的观点。如《管子·乘马》说：

> 方六里名之曰暴，五暴命之曰部，五部命之曰聚。聚者有市，无市则民乏。

指出了城市中商品交换的重要性。虽然认识到城市市场经济的作用，但是管子学派在本质上并没有积极地推进城市商品经济的发展的想法。如《管子·权修》载：

> 野与市争民。家与府争货，金与粟争贵，乡与朝争治。故野不积草，农事先也。府不积货，藏于民也。市不成肆，家用足也。朝不合众，乡分治也。故野不积草，府不积货，市不成肆。朝不合众，治之至也。

这里的认识与《管子·乘马》中“市者货之准也”的认识有很大不同。这反映出《管子》一书内容的庞杂。在《管子》的很多篇章中都有限制城市经济自由发展的观点。如《管子·省官》曰：

论百工，审时事，辨功苦，上完利，监壹五乡，以时钧修焉。使雕琢、文采不敢专造于乡，工师之事也。①

提出了必须由“工师”监管手工业和市场经济的认识。《管子》学派的学者，一方面认识到市场对于城市是不可或缺的，但是同时提出了城市市场经济必须控制在官府手中的经济原则。《管子·乘马》中说：

市者可以知治乱，可以知多寡，而不能为多寡。

指出商品在交换中不能增加价值，这也许就是管子学派认为城市商业需要由官府加以限制的理由。这与我们在分析齐国城市经济状况时得到的结论很相似，表明《管子》中对于城市经济的思想，也许曾经被齐国的作为国策执行过。

第三节　阴阳数术家的城市理论

据《汉书》卷30《艺文志》：

数术者，皆明堂、羲和、史、卜之职也。

汉代学者将数术家分为天文、历谱、五行、蓍龟、杂占、

① 类似的文字，也见于《管子·立政》等篇以及《荀子·王制》篇。

形法等几个派别。这些派别中的大部分，都与城市建设有一定的关联。早在东周时期，数术家们就对城市建设提出了自己的理论。这些理论中既有迷信的部分，也有含有科学性的部分。

一、阴阳数术家论城市规划

东周秦汉时期阴阳数术学说十分流行，据《汉书》卷30《艺文志》的记载，阴阳家的著作有369篇，但是这些著作几乎都散佚了，我们只能从当时的其他史料中看到一些关于阴阳数术家城市理论的断章。其中的一些主要记载大致可以分为三个组：

甲组

阖闾曰："善，夫筑城郭，立仓库，因地制宜，岂有天气之数，以威邻国者乎？"子胥曰："有"。阖闾曰："寡人委计于子。"子胥乃使相土尝水，象天法地，造筑大城。周回四十七里，陆门八，以象天八风，水门八，以法地八聪。筑小城，周十里，陵门三。不开东面者，欲以绝越明也。立阊门者，以象天门，通阊阖风也。立蛇门者，以象地户也。阖闾欲系破楚，楚在西北，故立阊门以通天气，因复名之破楚门。欲东并大越，越在东南，故立蛇门以制敌国。吴在辰，其龙位也，故小城南门上反羽为两鲵，以象龙角。（《吴越春秋》卷4）

女，□武。曰女，可以出师，筑邑。（《长沙子弹库帛书》）

乙组

作信宫渭南，已更命信宫为极庙，象天极。自极庙道通郦山，作甘泉前殿。筑甬道，自咸阳属之。（《史记》卷6《秦始皇本纪》）

为宫庙象天极，故曰极庙。天官书曰“中宫曰天极”是也。(《史记》卷6《秦始皇本纪·索隐》)

为复道，自阿房渡渭，属之咸阳，以象天极阁道绝汉抵营室也。(《史记》卷6《秦始皇本纪》)

谓为复道，渡渭属咸阳，象天文阁道绝汉抵营室也。常考《天官书》曰：“天极紫宫后十七星绝汉抵营室，曰阁道”。(《史记》卷6《秦始皇本纪·索隐》)

丙组

正紫宫于未央，表峣阙于阊阖。(张衡《西京赋》)

颜师古云：“未央宫虽南向，而当上书奏事谒见之徒皆诣北阙，公车司马亦在北焉。是则以北阙为正门，而又有东门、东阙，至于西南两面，无门阙矣。萧何初立未央宫，以厌胜之术理宜然乎?”按：北阙为正者，盖象秦作前殿，渡渭水属之咸阳，以象天极阁道绝汉抵营室。(《汉书》卷8《高祖本纪·正义》)

东阙名苍龙，北阙名玄武，无西、南二阙者，盖萧何以厌胜之法故不立也。(《史记》卷8《高祖本纪·索隐》)

这三组史料分别属于东周、秦、西汉时期，① 通过这些史料，我们可以将阴阳数术家的城市建设理论中一部分流传下来的内容作如下归纳：

首先，“象天法地”是阴阳数术家城市规划理论中的重要内容。这种内容在甲组、乙组、丙组中都能看到。比如吴都立

① 关于《吴越春秋》的成书时期，参见李学勤：《时分与〈吴越春秋〉》，《简帛佚籍与学术史》，时报出版，1994 年。

阊门以象天门，秦咸阳以信宫象天极紫宫，汉长安的正紫宫于未央等，都使用了“象天法地”的规划手法。在从有关吴都的记载来看，当时的“象天法地”的都城规划手法还比较纷乱，到了秦始皇时期，这种手法就比较完备了，“象天法地”成为都城规划中最重要的内容，西汉初期的长安城建设中继承了一部分“象天法地”的城市规划手法，到了汉代后期，除了依然用最主要的宫殿来象征“紫宫”以外，其他的“象天法地”的规划手法逐渐消失，代之而出的是展现儒家礼制的都城规划手法。

其次，五行及十二支正位也是阴阳数术家城市规划理论的重要组成部分。上述关于吴城的资料中有一些关于十二支正位的记录，但是从十二支发展的历史来看，也许这部分是汉代的附会。秦咸阳的规划中似乎没有十二支学说的内容，到了汉初建设汉长安城之时，这种城市规划手法已经有所展现，至王莽时期，出现了使用五行十二支学说解释长安城构造的动向。需要说明的是，由于秦汉时期的学术融合和流变，法、儒、道三家都吸收了很多阴阳数术思想，所以后期的阴阳数术城市规划手法也被吸收到儒家学说之中，以儒学之一部的样态被表现出来。

第三，生克关系也是阴阳数术家城市规划理论的内容之一。吴城的规划和长安城使用“厌胜”都是希望利用生克理论战胜对手的结果。在东周和汉初，由于分裂和战乱，这种城市规划手法被用于都城的建设之中，西汉建立以后一方面由于出现了持续的统一局面，另一方面由于这种有违“王道”的数术被儒家所诟病，这种都城规划手法渐渐不见于史籍了。

第四，《吴越春秋》所记不在东城墙上开门，以遏制越国的手法，与萧何修建未央宫，不在西面和南面立阙以遏制敌对势力的“厌胜”之术有一定相似之处，可以认为两者是有一定的渊源关系的。

阴阳数术家的城市理论，在西汉时期发展很快，出现了专门以城市规划、住宅建设为对象的派别，被史籍称为形法家。据《汉书》卷30《艺文志》：

> 形法者，大举九州之势以立城郭室舍形。

可见形法与城市规划有密切的关联，形法家的著作中有《国朝》7卷、《宫宅地形》20卷，都是卷数很多的书籍，其中与城市规划理论有关的内容应该有很多，可惜我们已经不能看到这些书籍的只言片语了。

除去上述诸家的城市理论之外，史籍中还保留了一些墨家的城市理论。现存的墨家的城市理论的内容主要集中在城市防御设施的建筑技术方面，也有涉及城市内部的行政机构、闾里构造等方面的内容。墨家城市理论的这个特征，应该源于墨家的基本理念“非攻”思想。墨子学派的城市理论主要集中于《墨子·城守》各篇中。

除了建筑技术方面的内容，《墨子》中还有一些与阴阳五行有关的城建手法，主要被记录在《墨子·迎敌祠》等篇中。墨子中关于城市建设的内容十分难读，岑仲勉先生著有《墨子城守各篇简注》一书，[1] 可供参考。

---

① 岑仲勉：《墨子城守各篇简注》，古籍出版社，1958年，中华书局1986年再版。

结语

一、本稿的主要内容

本稿的内容可以归纳如下：首先笔者在第一章整理了东周时期一些比较重要的城市遗迹资料，并对临淄故城、咸阳故城等东周都城进行了简单的构造分析。

在第二章，笔者首先根据城市规模对东周时代的城市进行了分类，并探讨了各地域都城构造的差异。秦文化圈中的都城的构造特征是城市采用了“非宫城·郭城式”的城市构造；三晋及北方文化圈的都城经常采用拥有三个以上城圈的构造。齐文化圈的都城一般采用两城样式的构造，楚文化圈的城墙一般呈圆角方形。本章还从国家与工商业的关系的角度，简要地分析了东周时期上述诸文化圈中城市经济的地域性差异。秦文化圈城市中的重要手工业都被国家所控制，工商业者被排除在“二十等爵制”之外。与此相比，东方诸国的城市中有相当规模的私营工商业，而且城市工商业拥有相对较高的自由。在东方诸国之中三晋地区的官府对城市工商业的控制最为松弛，齐国官府对城市工商业的管理相对较严。

在第三章中笔者从移民的角度探讨了东周秦国城市人口的增长与移民的关系，指出三晋移民是秦咸阳人口增长的一个重要来源。在该章第二节笔者简要探讨了春秋时期城市居民的居住方式问题，指出春秋时期的城市中，居民主要是采取了“聚氏而居”的居住方式，由复数的核心家庭构成的氏，是构成里的主要单位，大的氏单独占据一里，里的周围有围墙，围墙上有大门。由于春秋后期的政治改革，城市的地缘化程度进展很快，到了战国时期，秦国的城市居民基本上是以核心家庭为单位居住的，但也存在一些三代同居的扩大家庭。三晋诸国的城市居民大多采用三代同居的扩大家庭的居住方式。东周时期的城市不仅在城市构造和城市经济上有一定的差异，在城市居民的居住方式上，也有一定的不同。

在第四章中，笔者从思想变迁与城市构造变迁的关系为中心，探讨了西汉长安城规划变迁的历史动因，指出初期的汉长安城并非采用了《考工记》记录的城市规划模式，汉长安城初期的城市规划中继承了很多秦人的城市规划手法，并采用了很多属于兵阴阳家的城市规划手法，如“厌胜”等。文、武二帝之时，社会上已经出现了否定初期汉长安城的规划的社会思潮，但是由于国家还没有形成统一的统治思想，城市改造进行得散而乱。西汉后期，由于儒学的系统化和正统化，开始出现了使用儒家思想改造汉长安城的动向。至王莽时期，由于古文经的抬头，《考工记》等著述开始流传于世，此时对汉长安城的改建中，有些地方也许采用了与《考工记》内容有关的规划手法，同时，儒家的阴阳五行学说也被附会在长安城的构造上，使长安城在构造和理念上成为一个比较合乎儒学学说的都城。汉长安城规划的这种演变，是为了创立中国古代都城规划模式的重要实践，中国古代都城规划模式的基本要素都是在这个时期被确定下来的，但是由于汉长安城以及后来的东汉洛阳城都是在旧城基础上改建的，所以在形式上并没有完全具备中国古代都城规划模式的全部要素，中国古代都城规划模式的最后实现，还要等到隋唐时期。

在第五章中，笔者叙述了儒家、管子学派、阴阳家的城市

理论的一些内容和特征，分析了其演变的过程。

从中国古代制度史的角度来看，东周秦汉时期是诸种制度的创立期，从文化史的角度看，这个时期是地域间文化差异逐渐缩小，汉文化的共性逐渐增多的时期，从经济史的角度看，这个时期是旧的地方经济圈逐渐被新的大经济圈所替代的时期。从政治史的角度来看，这是时期是从分裂走向统一的转换期。东周秦汉时期在中国古代城市发展的过程中也是一个非常重要的时期。

由于西周时期的分封建国，华夏大地上出现了很多新的城市，积累了相当多的城市建设经验。到了东周时期，由于生产力的发展、人口的急剧增加等原因，城市规模急速扩大，城市机能高速成长。平均来看，战国时期城市的面积比春秋时期扩大了大约4到6倍。对于东周秦汉时期的人们来说，城市是大量人口集中居住的地方，一些城市的人口数超过了二十余万。当时的城市是宗庙之所在，是官府驻在之地，也是商品集散地（尽管一些小城市中只有不固定的集市），还是保护自身安全的堡垒。

当时作为城市防御设施的城墙的构造，在各地区是不一样的。秦文化地区采用简单的城墙构造，这既是因为秦国内部社会关系比较缓和，也是因为秦国境内的军事斗争相对缓和。采用复杂城墙构造的地区，大都有过军事斗争十分激烈的历史，其都城曾经有被敌国进攻的经历。

经过考古发掘的东周时期的大的城市遗迹中，一般都有与工商业有关的遗址，从文献中也可以看到东周时期城市经济的繁荣。各地区城市中的工商经济都有着自己的特点。所以简单地将东周时期的城市定性为农业城市或者工商业城市的看法都有偏颇之处。三晋地区的主要城市可以被称为工商业城市，但是秦国的大部分城市只能是政治城市或者农业城市。

秦汉时期的政治运作有一种被神秘化的倾向，具有不同统治理念的统治集团在进行交锋时，首都的规划也是他们进行政治斗争的筹码之一。西汉长安城的规划在二百年间多次变化，主要是因为当时的主流社会思想发生了变化。而经济发展对汉长安构造本身的影响不大。

在百家争鸣的东周时期，关于城市的理论也是多种多样的。以“德治”为中心展开的儒家学派的城市理论与以“富国强兵”为中心展开的管子学派的城市理论的思想基础是完全不同的。以“王霸”为目标的阴阳数术家的城市理论这个时候也出现了，到了汉代，阴阳数术家的城市理论与儒家的城市理论合二为一，中国古代城市理论的中心内容就产生了。这个时期出现了一些与城市规划有关的专门著作，如《国朝》、《宫宅地形》等。

在古代，无论东方还是西方，都有认为城市是“天”与人类社会的接点的观点。到了秦汉时期，城市，特别是其中的都城成为表现统治者世界观和统治思想的展台。汉长安城规划的变迁是统治者统治思想变化的结果。

二、对东周秦汉城市史的一些感想

1. 如何解析东周秦汉城市的共性和个性问题

简单的说本稿最主要的内容之一是东周秦汉城市的共性和个性问题。在20世纪90年代中期以前，大部分关于这个时期城市构造的研究，都是在承认城市共性的视角上展开的，除了江村治树对于三晋城市的研究以外，很少看到对各地城市的个性进行全面探讨的研究。后来出现了一些关于各地城市个性的研究，这些研究都是很有成效的，但是全面的研究依然很少。

根据史料获得对东周秦汉一些城市构造的共性认识，然后再用这种共性去复原其他城市的构造，在研究城市构造史上固然有一定的意义，但是如果仅按照这种思路展开城市史研究，而忽视了共性与个性的关系问题以及城市与人、城市与社会、城市与思想的关系问题，也许城市研究史研究就会走入一个很窄的死胡同中，这种研究的历史学意义也会变得十分有限。

同时，在注意东周秦汉时期各地区城市的共性与个性关系的时候，笔者认为还有必要注意这个时期的中国城市与同时期的西方城市的共性与个性的关系问题，以究明中国古代城市发展的特质。中西方古代城市的个性问题是比较被学者们所瞩目的，但是共性研究比较少。古代西方城市和东方城市有不少共性。比如，在本稿第四章中笔者叙述了中国古代城市建设的工程顺序，笔者在学习西方城市规划史时，发现中国古代城市建设的工程顺序竟然和古罗马殖民城市建设的工程顺序，竟然几乎完全相同。这里不妨简单介绍一下古罗马殖民城市建设的工程顺序：

古代罗马人在建设殖民城市的时候，首先要由首领们召开会议决定大致的候选地范围，建城具体地点的选择用占卜来决定，这种占卜主要是用鸡的肝脏来进行。这与中国古代决定城市候选地范围的过程是一样的，不同的只是中国古代用龟占决定城市建设的具体地点，而古罗马用的是鸡占。中国古代城市建设中“攻位”这道工序，在古罗马的城市建设中也有，而且从手法到使用的工具都惊人的相似。据记载，古罗马人会在鸡占指示出的最佳建设中心点建立一个测量工具，并用测量日影的方法测出城市的南北轴线和东西轴线，甚至连古代罗马人测量日影的工具的原理和形状，都和中国古代典籍中记录的工具和原理一致。古罗马人在确定城市的南北轴线和东西轴线后，在城市的中心安排剧场等公共设施，并设计和建设与东西轴线和南北轴线平行的大道，这样，最后形成的城市布局，很多都是网格状的，与中国古代的方形棋盘状城市十分类似。我们应该如何理解这种东西方古代城市的共性，并如何解析中国古代城市的个性？这个问题，在探索古代城市发展规律时是必须解决的。

2. 城市发展与社会整体发展的关系

20 世纪 50 年代以来，关于东周秦汉时期的古代城市的发掘有了长足的进步，获得了丰硕的成果，但是关于这个时期的城市研究，相对于宋代以后的城市研究来说，显得十分单调和苍白无力。可以说关于东周秦汉时期的城市研究基本还是停留在构造复原和构造演变这两个方面，当时的城市与当时的人，当时的城市与当时的社会被割裂开来，存在着与该时期总体历史研究脱节割裂的缺憾。这中间固然有史料数量的原因，但是更大的原因还是关于这个时期城市研究的方法论比较单调和无力。如何从城市史的角度反映这个时期历史的特质，如何从城市史的角度为这个时期历史的理论框架添砖加瓦，笔者在本稿的研究中没有能找到接近这个目的的好方法，这个问题依然是笔者今后需要仔细思索的问题。业师中村圭尔先生在近两年的授业中反复强调：城市史中得到的理论框架，如果不能使用在解析当时社会的整体特质上，其意义会损减很多。这个告诫对我触动很大。辛德勇《历史的空间和空间的历史》一书，其中精辟的见解让笔者受益匪浅，特别是“空间的历史和历史的空间”这个提法，也让笔者有了可以走出迷雾的感觉。张继海的《汉代城市社会》，也表现出了对城市研究的新尝试。希望先学和同好的指引能让笔者从新的角度重新展开对东周秦汉时期城市的探索。

跋

在对本稿进行整理的时候，我的心情是十分复杂的。本稿中大约有一半的内容写于数年以前，多次想过整理出版这些文字，但是总是觉得自己的工作十分粗糙，最好能细细修整以后再献诸同好。后来有一段时间我对自己使用的城市史研究的方法产生了很大的疑虑，觉得单纯的城市构造演变史的研究的史学意义十分有限，因此对于城市史的研究活动以及对本稿的修整也出现了停滞。2008 年业师中村圭尔先生重新开始周末研究班的讲习，在中村先生的指引下我对城市史的认识才有了一些改变。在这里我要向恩师中村先生表示衷心的感谢，这些年中如果没有他的指引和关怀的话，我大概无法持续自己对城市史的关注。我也十分感谢我的同窗佐川英治先生，每当看到他用铅笔写在我旧稿上的修改意见的字迹，就会让我回想起那段美好的留学生活。我还要感谢阪南大学给我海外研修的机会以及辛德勇先生在我研修期间给我提供的良好的研究条件。

由于工作方面的原因，本稿从决定出版到交稿时间十分仓促，韩宏伟先生为此付出了巨大的努力，我的同学冯兵先生和王小蒙女士在百忙中也给我热情的支持，没有他们的帮助本稿是难以顺利出版的，在此特向他们表示深深的感谢。

陈力

2009 年 12 月 10 日

日文参考文献题目原文

池田雄一

《漢代の河南県城をめぐって》（《中国集落史の研究》、唐代史研究会、1990 年）

《咸陽城と漢長安城——とくに漢長安建設の経緯をめぐって》（《中央大学文学部紀要（史学科）》20、1975 年）

大室幹雄

《劇場都市・古代中国の世界像》（三省堂、1981 年）

江村治樹

《戦国秦漢時代の都市と国家——考古学と文献史学からのアプローチ》（白帝社アジア史選書、白帝社、2005 年）

《戦国時期の都市及びその支配》（《東洋史研究》第 48 巻第 2 号）

《侯馬盟書考》（《内田吟風頌寿記念東洋史論集》、同朋社、1978 年）

宮崎市定

《中国古代史論》、（平凡社、1988 年）

《四家を隣と為す》（《宮崎市定全集》23、岩波書店、1993 年）

古賀登

《漢長安城と阡陌・県郷亭里制度》（雄山閣、1980 年）

五井直弘

《アジア中の日本》（東京大学出版会、1992 年）

《咸陽と成都——漢の長安二城説に関連して》(《中国の古代都市》、汲古書院、1995年)

《中国古代階級闘争史試探》(《前近代社会の階級闘争》、青木書房、1981年)

谷口満

《楚国の都城》(《長江文化研究Ⅱ　諸流域の文明》中日文化研究第10号、1996年)

影山剛

《中国古代の商工業と専売制》(東京大学出版会、1984年)

松木民雄

《左伝にみえる社会分業形態について》(《歴史》東北大学・文、52巻)

貝塚茂樹

《中国古代社会史論》(《貝塚茂樹著作集》二、中央公論社、1977年)

杉本憲司

《中国古代を掘る——城郭都市の発展》(中公新書、1986年)

渡辺卓

《墨家の守禦した城邑について》(《東方学》27、1964年)

中村璋八

《五行大義の基礎的研究》(明徳出版社、1982年)

佐藤武敏

《長安》(近藤出版社、1971年)

好並隆司

《秦漢帝国史研究》(未来社、1978 年)

中村清兄

《宇宙動物園》(政法大学出版局、1983 年)

帝室博物館

《周漢遺宝》(大塚巧藝社、1932 年)

牧野巽

《中国家族制度研究》(生活社、1944 年)

宇都宮清吉

《漢代社会経済史研究》(弘文堂、1955 年)

守屋美都雄

《中国古代の家族と国家》(東洋史研究会、1968 年)

佐竹靖彦

《中国古代の家族と家族的社会秩序》(《人文学報(東京都立大学人文学部紀要)》、1980 年)

《秦国の家族と商鞅の分異令》(《史林》63 巻 1 号、1980 年)

越智重明

《漢時代の戸と家》(《龍谷史壇》65、1969 年)

加藤常賢

《中国古代家族制度研究》(岩波書店、1940 年)

太田幸男

《商鞅変法の再検討》(《歴史における民族の形成》、1975 年度歴史学研究会大会報告、1975 年)

稲葉一郎

《戦国秦の家族と貨幣経済》(林巳奈夫編《戦国時代出

土文物の研究》、東京大学人文研究所、1985 年）

加藤繁

《中国経済史考証》（東洋文庫、1952 年）

西嶋定生

《中国古代と東アジア世界》（東京大学出版社、1983 年）

堀敏一

《中国古代の家と近隣、家と集落》（《中国古代史の視点——私の中国史学（一）》、汲古書院、1994 年）